Reportagens
de
Além-Túmulo

FRANCISCO CÂNDIDO XAVIER

Reportagens de Além-Túmulo

Pelo Espírito
Humberto de Campos

Copyright © 1943 *by*
FEDERAÇÃO ESPÍRITA BRASILEIRA – FEB

13ª edição – Impressão pequenas tiragens – 4/2025

ISBN 978-85-7328-822-3

Todos os direitos reservados. Nenhuma parte desta publicação pode ser reproduzida, armazenada ou transmitida, total ou parcialmente, por quaisquer métodos ou processos, sem autorização do detentor do *copyright*.

FEDERAÇÃO ESPÍRITA BRASILEIRA – FEB
SGAN 603 – Conjunto F – Avenida L2 Norte
70830-106 – Brasília (DF) – Brasil
www.febeditora.com.br
editorial@febnet.org.br
+55 61 2101 6161

Pedidos de livros à FEB
Comercial
Tel.: (61) 2101 6161 – comercial@febnet.org.br

Adquirindo esta obra, você está colaborando com as ações de assistência e promoção social da FEB e com o Movimento Espírita na divulgação do Evangelho de Jesus à luz do Espiritismo.

Dados Internacionais de Catalogação na Publicação (CIP)
(Federação Espírita Brasileira – Biblioteca de Obras Raras)

C198r   Campos, Humberto de (Espírito)

       Reportagens de Além-túmulo / pelo Espírito Humberto de Campos; [psicografado por] Francisco Cândido Xavier. – 13. ed. – Impressão pequenas tiragens – Brasília: FEB, 2025.

       264 p.; 21 cm – (Coleção Humberto de Campos/ Irmão X)

       Inclui índice geral

       ISBN 978-85-7328-822-3

       1. Espiritismo. 2. Obras psicografadas. I. Xavier, Francisco Cândido, 1910-2002. II. Federação Espírita Brasileira. III. Título. IV. Coleção.

CDD 133.93
CDU 133.7
CDE 80.01.00

Sumário

Do noticiarista desencarnado 7

1 Amarguras de um santo 11
2 O irmão Severiano 17
3 A vidência esquecida 23
4 Espíritos protetores 29
5 O Natal diferente 35
6 O drama de André 41
7 O transporte revelador 49
8 O livre-pensador 55
9 Desapontamento de um suicida 63
10 O investigador inconsciente 71
11 O apelo inesperado 79
12 A cura complexa 85
13 O trabalhador fracassado 91
14 Invocações diretas 97

15	A grande surpresa	103
16	Caridade e desenvolvimento	109
17	A experiência de Catarino	117
18	Narrador apenas	125
19	Quando Felisberto voltou	131
20	O valor do trabalho	137
21	A moléstia salvadora	145
22	O remédio à preguiça	151
23	A solução caridosa	157
24	A estranha indicação	163
25	Tragédia oculta	171
26	Assistência espiritual	177
27	Dois companheiros	185
28	A queixosa	191
29	O diagnóstico	197
30	Mania de enfermidade	203
31	O doutrinador rigorista	211
32	A crente interessada	219
33	Obsessão desconhecida	227
34	A conselheira invigilante	233
35	Proselitismo de arrastamento	239
Índice geral		247

Do noticiarista desencarnado

A sepultura não é a porta do Céu, nem a passagem para o Inferno. É o bangalô subterrâneo das células cansadas — silencioso depósito do vestuário apodrecido.

O homem não encontrará na morte mais do que vida e, no misterioso umbral, a grande surpresa é o encontro de si mesmo.

Falar, pois, de homens e de Espíritos, como se fossem expoentes de duas raças antagônicas, vale por falsa concepção das realidades eternas. As criaturas terrenas são, igualmente, Espíritos revestidos de expressões peculiares ao planeta. Eis a verdade que o Cristianismo restaurado difundirá nos círculos da cultura religiosa.

Quanta gente aguarda a grande transição para regenerar costumes e renovar pensamentos? Entretanto, adiar a realização do bem é, sempre, menosprezar patrimônios divinos, agravando dificuldades futuras.

O deslumbramento que invadiu as zonas de intercâmbio, entre as esferas visível e invisível, operou singulares atitudes nos aprendizes novos.

Em círculos diversos, companheiros nossos, pelo simples fato de haverem transposto os umbrais do sepulcro, são convertidos, pelos que ficaram na Terra, em oráculos supostamente infalíveis; alguns amigos, porque encontraram benfeitores na zona espiritual, esquecem os serviços que lhes competem no esforço comum; médiuns necessitados de esclarecimentos são transformados em semideuses.

A alegria da imortalidade embriagou a muitos estudiosos imprevidentes. Dorme-se ao longo de trabalhos valiosos e urgentes, à espera de mundos celestiais, como se o orbe terrestre não integrasse a paisagem do Infinito.

É necessário, portanto, recordar que a existência humana é oportunidade preciosa no aprendizado para a vida eterna. Ensina-se-nos, aqui, que Espíritos protetores e perturbados, nobres e mesquinhos, podem ser encontrados nos planos visíveis e invisíveis. Cada criatura humana tem a sua cota de deveres e direitos, de compromissos e possibilidades. Zonas felizes e desventuradas permanecem nas consciências, na multiplicidade de posições mentais dos Espíritos eternos. Tanto na Terra como no Céu, a responsabilidade é lei.

Nesse quadro de observações, o Consolador é a escola divina destinada ao levantamento das almas. Urge, pois, que os discípulos se despreocupem do Espiritismo dos mortos, para colocar acima de todas as demonstrações verbalísticas o Espiritismo dos vivos na eternidade.

Dentro de cada aprendiz, há um mundo a desbravar.

A Terra é também a grande universidade. Ninguém despreze a luta, o sofrimento, a dificuldade, o testemunho próprio. A luz e o bem, a sabedoria e o amor, a compreensão e a fraternidade, o cérebro esclarecido e as mãos generosas dependem do esforço pessoal, antes de tudo.

O Sol ilumina o mundo, a chuva fecunda a terra, a árvore frutifica, as águas adoçam a aridez do deserto; mas o homem deve caminhar por si mesmo. As maravilhas e dádivas da natureza superior não eximem a criatura da obrigação de seguir com o Cristo, para Deus.

Quando tantos companheiros dormem esquecendo o serviço, ou contendem por ninharias, copiando impulsos infantis, trago-te, leitor amigo, estas reportagens despretensiosas — lembrança humilde de humilde noticiarista desencarnado.

As experiências relacionadas, nestas páginas singelas, falam eloquentemente de nossas necessidades individuais. Não devemos continuar na condição de meros beneficiários da Casa de Deus, reincidentes nas dívidas e falhas criminosas. A Providência nos oferece tesouros imperecíveis. O Pai repartiu a herança com magnanimidade e justiça. Não há filhos esquecidos e todos somos seus filhos.

Trazendo-te, pois, meu esforço desvalioso, feito de coração para corações, termino afirmando que todas estas reportagens são reais e que, se os nomes das personagens obedecem à convenção da caridade fraternal, aqui não há ficções nem coincidências. Cada história representa um caso individual, no imenso arquivo das experiências humanas, para compreensão da vida eterna.

Pedro Leopoldo (MG), 8 de dezembro de 1942.

HUMBERTO DE CAMPOS

~ 1 ~
Amarguras de um santo

Falava-se numa roda espiritual da melhor maneira de cultivar a prece, quando um amigo sentenciou:

— Uma herança perigosa dos espiritistas é a de transformar a memória de um companheiro desencarnado numa espécie de culto de falsa santidade. O bom trabalhador do Cristo não faz mais que cumprir um dever, e não é justo se lhe perturbe a serenidade espiritual com a repetição de cenas mundanas, perfeitamente idênticas às cerimônias canônicas. Não raro, a morte arrebata do convívio terrestre um irmão conscienciozo, dedicado, e imediatamente os amigos da Doutrina o transformam num tabu de fictícia inexpugnabilidade.

— É verdade — exclamou um dos presentes —, em todas as questões é justo perguntarmos qual foi o procedimento de Jesus, e, no caso da prece, não se vê, nos Evangelhos, um culto particular, a não ser a contínua comunhão entre o Cristo e o Pai que está nos Céus.

Um ex-padre católico, com o sorriso da bonança que sempre surge depois das grandes desilusões, acrescentou em tom amistoso:

— É razoável que os homens do mundo não interrompam as tradições afetuosas com aqueles que os precedem na jornada silenciosa do túmulo, conservando nas almas a mesma disposição de ternura e de agradecimento, na recordação dos que partiram. Entretanto, no capítulo das rogativas, das solicitações, dos empenhos, convém que toda criatura se dirija a Deus, ciente de que a sua vontade soberana é sempre justa e de que a sua inesgotável bondade se manifestará, de um ou de outro modo, por intermédio dos mensageiros que julgue conveniente aos fins colimados. Em minhas experiências nas esferas mais próximas do planeta, sempre reconheci que os Espíritos mais homenageados na Terra são os que mais sofrem, em virtude da pouca prudência dos seus amigos. Aliás, neste particular, temos o exemplo doloroso dos "santos". Sabemos que raros homens canonizados pela igreja humana chegaram, de fato, à montanha alcantilada e luminosa da virtude. E essas pobres criaturas pagam caro, na Espiritualidade, o incenso perfumoso das gloríolas de um altar terrestre.

A palestra tomava um caráter dos mais interessantes, quando o mesmo amigo perguntou de repente, depois de uma pausa:

— Vocês conhecem a história de São Domingos González? [1]

E enquanto os presentes se entreolhavam mudos, em íntima interrogação, continuou:

— Domingos González era um padre insinuante, dotado de poderosa e aguçada inteligência. Sua carreira sacerdotal, dado o seu caráter flexível, foi um grande voo para as posições mais importantes e elevadas. Dominava todos os companheiros pelo poder de sua palavra quente e persuasiva, cativava a atenção de todos os seus superiores pela humildade exterior de que dava testemunho, embora a sua vida íntima estivesse cheia de penosos deslizes.

---

[1] N.E.: Domingo de Guzmán (1170-1221), também chamado Domingos de Gusmão, teólogo espanhol nascido na cidade Caleruega, fundador da Ordem dos Pregadores ou Dominicanos.

"A verdade é que, lá pelos fins do século XV, era ele o Inquisidor-Geral de Aragão; mas, tal foi o seu método condenável de ação no elevado cargo que lhe fora conferido, que, por volta de 1485, os israelitas o assassinaram na catedral de Saragoça, em momento de sagradas celebrações.

"O nosso biografado acordou, no Além-Túmulo, com as suas chagas dolorosas, dentro das terríveis realidades que lhe aguardavam o Espírito imprevidente; mas os eclesiásticos concordaram em pleitear-lhe um lugar de destaque nos altares humanos e venceram a causa.

"Em breve tempo, a memória de Domingos transformava-se no culto de um santo. Entretanto, aí, agravaram-se, no Plano Invisível, os tormentos daquela alma desventurada. Envergonhado e oprimido, o ex-padre influente do mundo sentia-se qual mendigo faminto e coberto de pústulas. Nós, porém, sabemos que as recordações pesadas do planeta são como forças invencíveis que nos prendem à superfície da Terra, e o infeliz companheiro foi obrigado a comparecer, embora invisível aos olhos mortais, a todas as cerimônias religiosas que se verificaram na instituição de seu culto. Domingos González, assombrado com as acusações da própria consciência, assistiu a todas as solenidades da sua canonização, sentindo-se o mais desgraçado dos seres. As pompas do acontecimento eram como espadas intangíveis que lhe atravessassem, de lado a lado, o coração vencido e sofredor. Os cânticos de glorificação terrena ecoavam-lhe no íntimo como soluços da sombra e da amargura.

"E, desde essa hora, intensificaram-se-lhe os padecimentos.

"Sua angústia agravou-se, primeiramente, em virtude da nova posição do círculo familiar. Os que lhe eram afins pelo sangue entenderam que não mais deviam o tributo comum de trabalho e realização ao mundo. Como parentes de um santo, não mais quiseram trabalhar. E essa atitude se estendeu aos seus mais antigos companheiros de comunidade. Os poucos valores da agremiação religiosa a que pertencera desapareceram. Seus colegas de esforço estacionaram voluntariamente na preguiça criminosa e no hábito das homenagens sucessivas. O grupo havia produzido um santo: devia ser o bastante para garantia de uma posição definitiva no Céu.

"O Espírito infeliz contemplava semelhante situação, banhado em lágrimas expiatórias. E o seu martírio continuou.

"Sabemos que um apelo da Terra é recebido em nosso meio, tão logo seja expedido por um coração que se debata nas lutas redentoras do mundo. Se o serviço postal do orbe pode estar sujeito aos erros de administração, ou à má vontade de um estafeta, desviando do seu destino uma mensagem, no Plano Espiritual não se verificam semelhantes perturbações. A solicitação justa ou injusta dos homens vem ter conosco pelos fios do pensamento, na divina claridade do magnetismo universal. E Domingos começou a receber os pedidos mais imprudentes dos seus numerosos devotos.

"A alma desventurada ficou absolutamente presa à Terra e, de instante a instante, era obrigada a atender aos apelos mais extravagantes e mais absurdos.

"Se um criminoso desejava fugir à ação da justiça no mundo, valia-se de Domingos, invocando-lhe a memória, entre receios e rogativas. As mães desassisadas, que não cogitaram da educação dos filhos, em pequeninos, lhe rogavam de joelhos a correção tardia desses filhos transviados em maus caminhos. Os velhacos lhe faziam promessas, a fim de realizarem um bom negócio. As moças casadoiras lhe imploravam a aliança do noivo rebelde e arredio. Os sacerdotes pediam-lhe a atenção dos superiores. E, finalmente, todos os sofredores sem consciência lhe suplicavam o afastamento da cruz de provações que lhes era indispensável.

"Chumbado ao mundo, Domingos, durante mais de um século, perambulou pelas casas dos devotos, pelas estradas desertas, pelos círculos de negócios, pelos covis dos bandidos.

"Seu aspecto fazia pena.

"Foi quando, então, dirigiu a Jesus a súplica mais fervorosa de sua vida espiritual, implorando que lhe permitisse voltar à Terra, a fim de esconder no esquecimento da carne as suas enormes desditas. Queria fugir do Plano Invisível, detestava o título de santo, aborrecia todas as homenagens, atormentava-o o altar do mundo. Suas lágrimas eram amargas e comovedoras, e o Senhor, como sempre, não lhe faltou com a bondade infinita.

"Assim como um grupo de amigos influentes procura colocação para o homem desempregado e aflito no mundo, alguns companheiros dedicados vieram oferecer ao pobre Espírito sofredor uma reencarnação como escravo, no Brasil.

"Domingos González ficou radiante. Chorou de júbilo, de agradecimento a Jesus e, em breve tempo, tomava a vestimenta escura dos cativos, sentindo-se ditoso e confortado, cheio de alegria e reconhecimento".

O nosso amigo fizera uma pausa na sua narrativa. Estávamos, porém, altamente interessados e eu perguntei:

— E o santo está hoje nos planos mais elevados da Espiritualidade? Seria extremamente curiosa a palavra direta de sua desilusão e de sua experiência valiosa...

— Não, ainda não — replicou o narrador, com ar discreto. — Domingos tem vivido sucessivamente no Brasil e, ainda hoje, continua, aí, a esforçar-se pela sua redenção espiritual, guardando instintivamente o mais terrível receio de chegar às esferas invisíveis com o título de santidade.

Mas as obrigações comuns, porém, dispersaram o grupo em palestra e, dentro de pouco tempo, estava eu novamente só, com o meu trabalho e com a minha meditação. E nesse dia, impressionado com a história daquela amarga experiência, não pude retirar da imaginação aquele santo que trocara os incensos do altar pela atmosfera nauseante de uma senzala, do cativeiro.

~ 2 ~
O irmão Severiano

Severiano Fagundes era dos melhores doutrinadores do Espiritismo numa das grandes capitais brasileiras. Sua palavra vibrante era muito admirada nas tribunas doutrinárias; sua presença, um estímulo aos companheiros. Temperamento expansivo, era portador de expressões alegres e vivas. Ótimo organizador dos serviços de intercâmbio com o Invisível, tinha especial aptidão para convencer as entidades recalcitrantes, embora não as convencesse de todo, relativamente aos deveres espirituais. Sabia elucidar os médiuns, formar as sessões práticas, transmitir verbalmente os ensinamentos recebidos. Surgiam obsidiados? Lá estava o Severiano combatendo os agentes da discórdia, esclarecendo obsessores infelizes.

Entretanto, o poderoso doutrinador, além de profundamente arbitrário em seus modos de agir, parecia comprazer-se em certas irregularidades da vida. Se algum companheiro se aproximava, prudentemente, e lhe falava dos perigos que semelhante situação poderia acarretar, Severiano dava de ombros e interrogava: "Ora, mas que tem isso? São futilidades da existência humana. A verdade é que nunca me viram faltar aos deveres para com a Doutrina. Compareço pontualmente às reuniões, não me furto ao trabalho de esclarecimento dos irmãos perturbados, nem me nego ao concurso fraternal nas atividades mais pesadas do nosso grupo."

E a vida passava.

O nosso amigo tinha os seus casos tristes, suas situações escabrosas, mas continuava impávido no arrojo da pregação.

Não faltava às sessões, mas esquecia a família; doutrinava os Espíritos mais cruéis; entretanto, alegava não tolerar a esposa que Deus lhe havia confiado, porque não pudera compreender o Espiritismo à sua maneira; preparava bem os médiuns; contudo, não se interessava pelos filhos como devia.

E era um companheiro valente o Severiano. Sabia animar, corrigir, resolver problemas difíceis, lançar incentivos eficazes.

Os anos passaram sobre o quadro de seus serviços e o ardoroso doutrinador foi chamado à esfera espiritual.

Em virtude de seus conhecimentos, relativamente à Doutrina, Severiano percebeu que não mais pertencia ao número dos adormecidos na carne. Estava plenamente convencido da transição fenomênica da morte do corpo. No entanto, como no Plano Invisível cada criatura somente poderá ver através da luz que acendeu na própria alma, o grande propagandista dos princípios doutrinários, com imensa surpresa, não encontrou os amigos espirituais com que contava, não obstante o esforço de todos em seu favor. Viu-se sem rumo, entre sombras e paisagens confusas. Ao contrário de suas ilusões no período de atividades que lhe antecedera ao desprendimento do mundo, começou a refletir mais seriamente na vida particular que a esponja do tempo havia absorvido. Revia, agora, os mínimos detalhes das ocorrências pequeninas. Ter-se-ia portado bem nessa ou naquela circunstância? A consciência dizia-lhe que não, que ficaram muitas tarefas por fazer, em virtude da deficiência de seu esforço, sempre tão pronto para ensinar aos outros.

À medida que se escoavam os dias, observava a multiplicação dos remorsos e dores íntimas. O pobre amigo não sabia como explicar o seu mal-estar, qual o motivo da paisagem escura que o cercava.

Certo dia, Severiano chorou como criança, nas súplicas que procurou elevar a Deus. Lembrou as reuniões em que ensinara austeras disciplinas, via-se à frente das entidades perturbadas que se comunicavam, e recordava as exortações que lhes dirigia corajosamente.

Severiano chorou. É verdade que, como homem, havia errado muito, fugindo aos trabalhos próprios de sua vida; no entanto, devotara-se à Doutrina dos Espíritos, espalhara consolações e conselhos. Nesse instante, uma sincera compunção parecia arrebatá-lo a lugar diferente. Viu-se numa paisagem mais leve, à frente de uma Entidade de semblante divino, que o contemplava carinhosamente.

— Irmão querido — perguntou o ex-doutrinador, sensibilizado —, por que sofro tanto, em caminhos sem luz?

— É que acendeste muita claridade nos outros, mas esqueceste de ti mesmo — esclareceu a nobre entidade com amoroso sorriso.

Severiano começou a explicar-se: lamentou a sua situação, falou longamente, mas o mensageiro de Jesus interrogou com solicitude fraternal:

— Irmão Severiano, serviste de fato ao Evangelho?

— Sim — replicou o mísero, hesitando —, disciplinei muitos Espíritos perturbadores, fazendo-lhes sentir os deveres que lhes competiam.

A generosa entidade tomou então de um grande volume e afirmou com bondade:

— Temos aqui o Evangelho, tal como o estudaste no mundo. Observemos o que nos diz a lição de Jesus, com respeito à tua primeira alegação.

E o livro abriu-se, automaticamente, impulsionado por energias luminosas, apresentando o versículo 4 do capítulo 23, de *Mateus*: "Pois atam fardos pesados e difíceis de suportar e os põem aos ombros dos homens; eles, porém, nem com o dedo querem movê-los".

Severiano Fagundes ficou muito pálido. Recordou, instintivamente, tudo o que deixara de fazer no círculo de suas obrigações justas. Como o generoso amigo espiritual o contemplava em silêncio, sorrindo com amor, o pobre irmão, que lembrava as lutas da Terra, murmurou:

— Sei que não cuidei de mim como deveria; entretanto, tive muita fé.

Essas palavras foram proferidas com enorme desapontamento. Mas o emissário do Cristo voltou a dizer:

— Vejamos, então, o que nos diz o Evangelho, relativamente à tua segunda alegação.

E surgiu o versículo 17 do capítulo 2 da *Epístola Universal de Tiago*, em caracteres radiosos: "Assim também a fé, se não tiver as obras, é morta em si mesma".

Severiano baixou os olhos e começou a chorar amargamente, pois só agora reconhecia que ensinara muito Evangelho aos outros, lendo-o com leviandade; mas não aplicara o código divino à própria vida. Nada mais disse ao mentor carinhoso e justo que, abraçando-o fraternalmente, murmurou com bondade infinita:

— Irmão Severiano, levanta os olhos para o Mestre e anima-te! Voltarás à Terra para o serviço redentor; mas não te esqueças de que, como encarnado, serás também Espírito em doutrinação. É preciso escutar o dever, a luta e o sofrimento... São mensageiros de Jesus os que ensinam o Evangelho na Terra. Precisamos ser canal de verdade para os outros; mas não é só isso, porque é indispensável sejamos canais e reservatórios ao mesmo tempo, a fim de que, como discípulos de um

Mestre tão rico de sabedoria e amor, não venhamos a sucumbir pela miséria própria.

A generosa entidade continuou a exaltar a beleza das obrigações cumpridas e, cheio de lágrimas e esperanças novas, Severiano Fagundes começou a preparar-se para recomeçar a lição na vida humana.

~ 3 ~
A vidência esquecida

    Benício Fernandes era assíduo frequentador de um grupo espiritista, mas nunca se furtara à enorme contrariedade por não participar da visão direta dos quadros movimentados da esfera invisível. Desejava, ardentemente, os dons mediúnicos mais avançados. Fazia inúmeros exercícios para obtê-los. Iniciavam-se os trabalhos habituais e lá estava o nosso amigo em profunda concentração, ansioso por surpreender as visões reveladoras. Tudo, porém, acerca do seu mundo sensorial, era expectação e silêncio. Terminada a reunião, ouvia, velando a própria mágoa, certas descrições de alguns companheiros. Este observara a presença de Espíritos amigos, aquele contemplara maravilhoso quadro simbólico. Falava-se de mensagens, de painéis, de luzes entrevistas. Dentre os visitantes comuns, de passagem pelo grupo, surgiam preciosos casos de fatos vividos. Havia sempre alguém a comentar um acontecimento inesquecível, de sabor doutrinário, ocorrido no seio da família. Benício não conseguia disfarçar a inveja e o desgosto e despedia-se, quase bruscamente, nervoso, fisionomia estranha e taciturna, para entregar-se em casa a pensamentos angustiosos.

Por que razão não conseguia perceber as manifestações do Plano Espiritual? Seria justo acompanhar o esforço dos companheiros, quando, a seu ver, se sentia desatendido em suas necessidades?

A coisa ia assumindo caráter de terrível obsessão. Nosso amigo não mais ocultava o mal-estar íntimo. Se alguém, depois de uma prece, o interrogava sobre as observações próprias, esclarecia em tom desabrido: "Nada vi, nada sinto. Acredito que sou uma pedra!...".

Aquelas atitudes revelavam profunda desesperação aos companheiros preocupados. A situação agravava-se cada vez mais, quando, uma noite, Benício sonhou que aportava ao Mundo Espiritual, convocado por um amigo desejoso de receber suas notícias diretas. Na paisagem de intraduzível beleza, o desvelado mentor abraçou-o e cogitou das suas amarguras. O pobre homem estava deslumbrado com o que via, sem encontrar meio de expressar a sensação de gozo que lhe ia na alma; todavia, respondeu sem hesitação:

— Meu grande benfeitor, não me posso queixar das minhas lutas terrenas, mas não devo ocultar minha grande mágoa...

A respeitável entidade fez um gesto interrogativo, enquanto Benício continuava:

— Desgraçadamente, para mim, embora participe dos esforços de uma nobre agremiação de estudos evangélicos, nunca vi os Espíritos!...

— Mas não estás com a luta temporária da cegueira? — objetou o amigo venerando, afavelmente. — Esqueces, acaso, que teu plano de trabalho está igualmente povoado de Espíritos em diversos graus da ascensão evolutiva?!... Crês, porventura, que os habitantes da Terra sejam personalidades estranhas à comunidade universal?...

Benício Fernandes experimentou imenso choque. Aquela interpretação inesperada lhe desnorteava os pensamentos. Como desejasse retificar o engano de suas cogitações, acentuou com algum desapontamento:

— Sinto ânsia ardente de contemplar os Espíritos protetores, beijar-lhes as mãos todos os dias, manifestando-lhes meu reconhecimento.

— Esqueceste tua velha mãezinha? — perguntou o mentor solícito. — Há quanto tempo não te recordas de orar com ela, osculando-lhe as mãos carinhosas? Acreditas, talvez, que os cabelos brancos dispensam os carinhos? E teu tio, esgotado nos trabalhos mais grosseiros do mundo, por ajudar tua mãe na viuvez? Olvidaste, Benício, esses Espíritos protetores de tua vida?

O discípulo da Terra experimentou frio cortante na alma; no entanto, prosseguiu:

— Compreendo... Mas não me posso furtar ao desejo de entrar em contato com as nobres entidades que nos dirigem as tarefas e conhecer-lhes os superiores desígnios...

— Não recordas teu chefe de trabalho diário? — interrogou o benfeitor venerável. — Ele é um bom Espírito dirigente. Supões que a tua oficina e a sua administração estivessem no mundo, a esmo? Não desdenhes a possibilidade de integrares elevados programas de ação do teu diretor de trabalhos terrestres. Auxilia-o com a boa vontade sincera. Antes de examinar-lhe as decisões com pruridos de crítica, procura algum meio de contribuir com o teu esforço, honrando-lhe os propósitos.

E como o interlocutor estivesse, agora, profundamente emocionado, o amoroso mensageiro continuou:

— Olvidaste os diretores da instituição doutrinária onde buscas benefícios? Aqueles irmãos muitas vezes são caluniados e incompreendidos. Considera-lhes os sacrifícios. Quase sempre sofrem os ataques da malícia humana e necessitam de companheiros abnegados para a obra generosa de suas fundações fraternais. É justo que não sejas apenas mero sócio contribuinte de despesas materiais, e sim participante ativo do trabalho evangélico, isto é, sincero sócio de Jesus Cristo.

O aprendiz da Terra sentia-se extremamente envergonhado. Suas ideias modificavam-se em ritmo vertiginoso. Entretanto, na sua feição de homem do mundo, pouco inclinado a ceder das próprias opiniões, redarguiu em tom de mágoa:

— Sim, meu bondoso amigo, reconheço a justiça e a grandeza das vossas observações; entretanto, nas minhas atividades terrenas, queria ver, pelo menos, algum Espírito sofredor, alguma entidade necessitada, ou ignorante...

Valendo-se da pausa que se fizera espontânea com os derradeiros argumentos, o carinhoso emissário voltou a dizer:

— Almas desalentadas, entre feridas e angústias? Seres necessitados de assistência e de luz? Não te lembras mais dos filhinhos que o Céu te concedeu? Penetras cegamente os portais da tua instituição, a ponto de não veres os enfermos e derrotados da sorte que ali procuram o socorro do Evangelho de Jesus Cristo? Nunca viste os que se aproximam da fonte das bênçãos, tomados de intenções mesquinhas e criminosas, terríveis obsessores dos operários fiéis?

Benício estava agora extático, demonstrando haver afinal compreendido.

— Andas assim tão esquecido da vidência preciosa que Deus te confiou? — prosseguia o mentor espiritual, solicitamente. — Se ainda não pudeste contemplar os Espíritos benfeitores, ou malfeitores, que te rodeiam na Terra, como queres conhecer e classificar as potências do Céu? Volta para casa e procura ver!...

Nesse instante, Benício sentiu-se perturbado pela explosão de um ruído imenso.

Era o relógio que o despertava. Acordou, esfregou os olhos e preparou-se para tomar o trem suburbano, dentro de alguns minutos.

Nessa manhã, Benício Fernandes levantou-se, tomou o café, abraçou mais afetuosamente a esposa e os filhinhos. Cada coisa da sua modesta habitação apresentava, agora, aos seus olhos, uma expressão diferente e mais preciosa. Antes de sair foi beijar as mãos de sua mãe paralítica, o que há muito não fazia; perguntou pelo velho tio que saíra mais cedo, e, engolfado em grandiosos pensamentos, dirigiu-se para o trabalho, meditando na Providência Divina que lhe havia permitido receber uma lição para o resto da vida.

～ 4 ～
Espíritos protetores

Jehul, elevada entidade de uma das mais belas regiões da vida espiritual, foi chamado pelo caricioso apelo de um nobre mensageiro da Verdade e do Bem, que lhe falou nestes termos:
— Uma das almas a que te vens devotando particularmente, de há muitos séculos, vai agora ressurgir nas tarefas da reencarnação sobre a Terra. Seus destinos foram agravados de muito em virtude das quedas a que se condenou pela ausência de qualquer vigilância, mas o Senhor da Vida concedeu-lhe nova oportunidade de resgate e elevação.
Jehul sorriu e exclamou, denunciando sublimes esperanças:
— É Laio?
— Sim — replicou o generoso mentor —, ele mesmo, que noutras eras te foi tão amado na Etrúria.[2] Atendendo às tuas rogativas, permite Jesus que lhe sejas o guardião desvelado, através

---
[2] N.E.: Berço da civilização dos etruscos, antiga região da Itália, corresponde à atual Toscana. Civilização criada e desenvolvida no norte da península italiana durante o primeiro milênio a.C. A época do seu maior poder foi entre os séculos VII e V a.C.

de seus futuros caminhos. Ouve, Jehul! — serás seu companheiro constante e invisível, poderás inspirar-lhe pensamentos retificadores, cooperar em suas realizações proveitosas, auxiliando-o em nome de Deus; mas não esqueças que tua tarefa é de guardar e proteger, nunca de arrebatar o coração do teu tutelado das experiências próprias, dentro do livre-arbítrio espiritual, a fim de que construa suas estradas para o Altíssimo com as próprias mãos.

Jehul agradeceu a dádiva, derramando lágrimas de reconhecimento.

Com que enlevo pensou nas possibilidades de conchegar ao seio aquele ser amado que, havia tanto tempo, se lhe perdera do caminho!... Laio lhe fora filho idolatrado na paisagem longínqua. É certo que não lhe compreendera a afeição, na recuada experiência. Desviara-se das sendas retas, quando ele mais esperava de sua mocidade e inteligência; seu coração carinhoso, porém, preferira ver no fato um incidente que o tempo se encarregaria de eliminar. Agora, tomá-lo-ia de novo nos braços fortes e o reconduziria à Casa de Deus. Suportaria, corajosamente, por ele, a pesada atmosfera dos fluidos materiais. Toleraria, de bom grado, os contrastes da Terra. Todos os sofrimentos eventuais seriam poucos, pois acabava de alcançar a oportunidade de erguer, dentre as dores humanas, um irmão muito amado, que fora seu filho inesquecível.

O generoso amigo espiritual atravessou as paisagens maravilhosas que o separavam do ambiente terrestre. Ficaram para trás de seus passos os jardins suspensos, repletos de flores e de luz. As melodias das regiões venturosas distanciavam-se-lhe dos ouvidos.

Esperançoso, desassombrado, o solícito emissário penetrou a atmosfera terrestre e achou-se diante de um leito confortável, onde se identificava um recém-nascido pelo seu brando choramingar. Os Espíritos amigos, encarregados de velar pela transição daquele nascimento, entregaram-lhe o pequenino, que Jehul beijou, tomado de profunda emoção, apertando-o de encontro ao peito afetuoso.

E era de observar-se, daí em diante, o devotamento com que o guardião se empenhou na tarefa de amparar a débil criança. Sustentou, de instante a instante, o espírito maternal, solucionando, de maneira indireta, difíceis problemas orgânicos, para que não faltassem os recursos da paz aos primeiros tempos do inocentinho humano. E Jehul ensinou-lhe a soletrar as primeiras palavras, reajustando-lhe as possibilidades de usar novamente a linguagem terrestre. Velou-lhe os sonos, colocou-o a salvo das vibrações perniciosas do Invisível, guiou-lhe os primeiros movimentos dos pés. O generoso protetor nada esqueceu, e foi com lágrimas de emoção que inspirou ao coração materno as necessidades da prece para a idolatrada criancinha. Depois das mãos postas para pronunciar o nome de Deus, o amigo desvelado acompanhou-a à escola, a fim de restituir-lhe, sob as bênçãos do Cristo, a luz do raciocínio.

Jehul não cabia em si de contentamento e esperança, quando Laio se abeirou da mocidade.

Então, a perspectiva dos sentimentos transformou-se.

De alma aflita, observou que o tutelado regressava aos mesmos erros de outros tempos, na recapitulação das experiências necessárias. Subtraía-se, agora, à vigilância afetuosa dos pais, inventava pretextos desconcertantes e, por mais que ouvisse as advertências preciosas e doces do mentor espiritual, no santuário da consciência, entregava-se, vencido, aos conselheiros de rua, caindo miseravelmente nas estações do vício.

Se Jehul lhe apontava o trabalho como recurso de elevação, Laio queria facilidades criminosas; se alvitrava providências da virtude, o fraco rapaz desejava dinheiro com que se desvencilhasse dos esforços indispensáveis e justos. Entre sacrifícios e dores ásperas, o prestimoso guardião viu-o gastar, em prazeres condenáveis, todas as economias do suor paternal, assistindo aos derradeiros instantes de sua mãe, que partia da Terra, ferida pela ingratidão filial. Laio relegara todos os deveres santos ao abandono, entregando-se à ociosidade destruidora. Não obstante os cuidados do mentor carinhoso, procurou o álcool, o jogo e a sífilis, que lhe sitiaram a existência consagrada por ele ao desperdício. O dedicado amigo, entretanto, não desanimava.

Após o esgotamento dos recursos paternos, Jehul cooperou junto de companheiros prestigiosos, para que o tutelado alcançasse trabalho.

Embora contrafeito e subtraindo-se, quanto possível, ao cumprimento das obrigações, Laio tornou-se auxiliar de uma empresa honesta, que, às ocultas, era objeto de suas críticas escarnecedoras. Quem se habitua à ociosidade criminosa costuma caluniar os bens do espírito de serviço.

De nada valiam os conselhos do guardião, que lhe falava, solícito, nos mais profundos recessos do ser.

Daí a pouco tempo, menos por amor que por necessidade, Laio buscou uma companheira. Casou-se. Mas, no desregramento a que se entregava de muito tempo, não encontrou no matrimônio senão sensações efêmeras que terminavam em poucas semanas, como a potencialidade de um fósforo que se apaga em alguns segundos. Jehul, no entanto, alimentou a esperança de que talvez a união conjugal lhe proporcionasse oportunidade para ser convenientemente ouvido. Isso, todavia, não aconteceu. O tutelado não sabia tratar a esposa senão entre desconfianças e atitudes violentas. Sua casa era uma seção do mundo inferior a que havia confiado seus ideais. Recebendo três filhinhos para o jardim do lar, muito cedo lhes inoculava no coração as sementes do vício, segregando-os num egoísmo cruel.

Quando viu o infeliz envenenando outras almas que chegavam pela bondade infinita de Deus para a santa oportunidade de serviços novos, Jehul sentiu-se desolado e, reconhecendo que não poderia prosseguir sozinho naquela tarefa, solicitou o socorro dos Anjos das Necessidades. Esses mensageiros de educação espiritual lhe atenderam atenciosamente aos rogos, começando por alijar o tutelado do emprego em que obtinha o pão cotidiano. Entretanto, em lugar de melhorar-se com a experiência, buscando meditar como convinha, Laio internou-se por uma rede de mentiras, fazendo-se de vítima para recorrer às leis humanas e ferir as mãos de antigos benfeitores. Acusou pessoas inocentes, exigiu indenizações descabidas, tornou-se odioso aos amigos de outros tempos.

Jehul foi então mais longe, pedindo providências aos Anjos que se incumbem do Serviço das Moléstias Úteis, os quais o auxiliaram de pronto, conduzindo Laio ao aposento da enfermidade reparadora, a fim de que o mísero pudesse refletir na indigência da condição humana e na generosa paternidade do Altíssimo; aquele homem rebelde, contudo, pareceu piorar cem por cento. Tornou-se irascível e insolente, abominava o nome de Deus, sujava a boca com inúmeras blasfêmias. Foram necessários verdadeiros prodígios de paciência para que Jehul lhe lavasse do cérebro esfogueado e caprichoso os propósitos de suicídio. Foi aí que, desalentado quanto aos recursos postos em prática, o bondoso guardião implorou os bons ofícios dos Anjos que se encarregam dos Trabalhos da Velhice Prematura. Os novos emissários rodearam Laio com atenção, amoleceram-lhe as células orgânicas, subtraíram-lhe do rosto a expressão de firmeza e resistência, alvejaram-lhe os cabelos e enrugaram-lhe o semblante. No entanto, o infeliz não cedeu. Preferia ser criança ridícula nas aparências de um velho, a entrar em acordo com o programa da Sabedoria Divina, a favor de si mesmo.

Enquanto blasfemava, seu amigo orava e desdobrava esforços incessantes; enquanto praticava loucuras, o guardião duplicava sacrifícios e esperanças.

O tempo passava célere, mas, um dia, o Anjo da Morte veio espontaneamente ao grande duelo e falou com doçura:

— Jehul, chegou a ocasião da tua retirada!...

O generoso mentor abafou as lágrimas de angustiosa surpresa. Fixou o mensageiro com olhos doridos e súplices; o outro, no entanto, continuou:

— Não intercedas por mais tempo! Laio agora me pertence. Conduzi-lo-ei aos meus domínios, mas podes rogar a Deus que o teu tutelado recomece, mais tarde, outra vez...

Terminara a grande partida. A Morte decidira no feito, pelos seus poderes transformadores, enquanto o guardião recolhia, entre lágrimas, o tesouro de suas esperanças imortais.

E, grafando esta história, lembro-me que quase todos os Espíritos encarnados têm algum traço do Laio, ao passo que todos os Espíritos protetores têm consigo os desvelos e os sacrifícios de Jehul.

~ 5 ~
O Natal diferente

Muito raro observar-se temperamento tão apaixonado quanto o de Emiliano Jardim. No fundo, criatura generosa e sincera, mas as noções materialistas estragavam-lhe os pensamentos. Debalde cooperavam os amigos em renovar-lhe as ideias. O rapaz reportava-se a umas tantas teorias de negação, e a moléstia espiritual prosseguia do mesmo jeito. O casamento, realizado entre pompas familiares, em nada melhorara a situação; quando, porém, Emiliano experimentou a primeira dor da paternidade, ao ver o filho arrebatado pela morte, esse golpe profundo lhe abalou o espírito personalista.

Justamente por essa época, generoso padre meteu-lhe nas mãos um livro de consolação religiosa, à guisa de socorro.

Em semelhante fase do caminho, o contato com os ensinamentos de Jesus lhe encheu a alma de serena doçura. Estava deslumbrado. Como não compreendera antes a beleza da fé? Fez-se católico, sob aplausos gerais. Os afeiçoados se entreolhavam satisfeitos.

Emiliano, contudo, embora seduzido pelas Verdades Luminosas do Mestre, trazia a sua lição através da vida, como lhe acontecera ao tempo dos antigos postulados negativistas. Acreditando servir ao ideal divino do Evangelho, terçava armas cruéis contra todos os que entendiam Jesus por prismas diferentes. Acusava os protestantes, malsinava os espiritistas.

Os anos, porém, correram na sabedoria silenciosa do tempo.

Ralado pelas desilusões de todo homem que procura a felicidade longe da redenção de si mesmo, o nosso amigo, certo dia, passou-se de armas e bagagens para o Protestantismo. Entretanto, por mais que se esforçassem os companheiros, Emiliano não conseguia realizar a visão interna do Cristo, como Divino Amigo de cada instante, por intermédio de seus imperecíveis ensinamentos.

Tornou-se anticlerical violento e rude. Esquecera todos os bens que a Igreja Católica lhe proporcionara, para recordar apenas suas deficiências, visíveis na imperfeição da criatura. Alguns amigos menos vigilantes o felicitavam pelo desassombro; todavia, os mais experimentados reconheciam que o novo crente mudara a expressão religiosa exterior, mas não entregara o coração ao Cristo.

Depois de longa luta, Emiliano sente-se insatisfeito e ingressa nos arraiais espiritistas.

Emiliano, qual sucede à maioria dos crentes, admite a verdade, mas não dispensa os benefícios imediatos; dedica-se a Jesus, anseia por vê-lo nos outros homens, antes de senti-lo em si próprio. Sua atividade geral transtorna-se. Enfrenta de armas nas mãos todos os companheiros antigos. Supõe que deve levar a defesa da Nova Doutrina ao extremo. A bondade dos guias espirituais, que se comunicam nas reuniões, ele a toma por elogio às suas atitudes.

Como, porém, a justiça esclarecida é sempre um credor generoso, que somente reclama pagamento depois de observar o devedor em condições de resgatar os antigos débitos, Emiliano, na posse de numerosos conhecimentos e bafejado de tantas exortações divinas, penetrou no caminho do resgate das velhas dívidas. Tempos difíceis surgiram-lhe no horizonte individual. Enquanto se esforçava para remover alguns obstáculos, outras montanhas de dificuldade apareciam inesperadamente. A moléstia, a escassez de recursos e a ironia dos ingratos visitaram-lhe a casa honesta. A princípio resignado e forte, acabou desesperando-se. Dizia-se abandonado pelos amigos espirituais e acusava os médiuns, cheios de obrigações sagradas, tão só porque não podiam permanecer em longas concentrações, para solução dos seus casos pessoais. Sentia-se perseguido por maus Espíritos, e, na sua inconformação, magoava companheiros respeitáveis.

A dor, todavia, não interrompeu sua função purificadora. Depois de penosa enfermidade, sua velha progenitora partiu para a vida espiritual em condições amargas. Não passou muito tempo e a esposa, perturbada nas faculdades mentais durante três anos, seguia o mesmo caminho. Em seguida, os dois filhos que criara, com excessos de carinho, se voltaram contra o coração paternal, com injustas acusações. Ao ensejo da calúnia, os últimos companheiros fugiram. O nosso amigo, outrora tão discutidor e tão violento, experimentou desânimo invencível. Nunca mais foi visto em rodas doutrinárias, nas tertúlias da inteligência; comumente era encontrado, como vagabundo vulgar, escondendo lágrimas furtivas.

Numa radiosa véspera de Natal, em que o ambiente festivo lhe falava da ventura destruída ao coração, Emiliano chorou mais que de costume e resolveu pôr termo à existência.

À noite, encaminhou-se para a praia, alimentando o sinistro desígnio. Antes, porém, de consumar o erro extremo, pensou naquele Jesus que restituíra a vista aos cegos, que curara os leprosos, que amara os pobres e os desvalidos. Tais lembranças lhe nevoaram os olhos de pranto doloroso, modificando-lhe as disposições mais íntimas.

Foi aí, nessa hora amargurada em que o mísero se dispunha a agravar as próprias angústias, que uma voz suave se fez ouvir no recôndito de seu espírito:

— Emiliano, há quanto tempo eu buscava encontrar-te; mas sempre me chamavas por intermédio dos outros, sem jamais procurar-me em ti mesmo! Dá-me a tua dor, reclina a cabeça cansada sobre o meu coração!... Muitas vezes, o meu poder opera na fraqueza humana. Raramente meus discípulos gozam o encontro divino, fora das câmaras do sofrimento. Quase sempre é necessário que percam tudo, a fim de me acharem em si mesmos. Tenho um santuário em cada coração da Terra; mas o homem enche esse templo divino de detritos, ou levanta muralhas de incompreensão entre o seu trabalho e a minha influência... Nessas circunstâncias, em vão me procuram...

Emiliano estava inebriado. Não ouvia propriamente uma voz idêntica à do mundo, mas experimentava o coração tomado por poderosa vibração, sentindo que as palavras lhe chegavam ao íntimo como aragem celestial.

— Volta ao esforço diário e não esqueças que estarei com os meus discípulos sinceros até ao fim dos séculos! Acaso poderias admitir que permaneço em beatitude inerte, quando meus amigos se diraceram pelo triunfo de minha causa? Não posso estacionar em vãs disputas, nem nas estéreis lamentações, porque necessitamos cuidar do amoroso esclarecimento das almas. É por isso que estou, mais frequentemente, onde estejam os corações quebrantados e os que já tenham compreendido a grandeza do espírito de serviço. Não te rebeles contra o sofrimento que purifica, aprende a deixar os bonecos a quantos ainda não puderam atravessar as fronteiras da infância. Não analises nunca sem amar. Lembra-te de que, quando criticares teu irmão, também eu sou criticado. Ainda não terminei minha obra terrestre, Emiliano! Ajuda-me, compreendendo a grandeza do seu objetivo e entendendo a fragilidade dos teus irmãos. Dá o bem pelo mal, perdoa sempre! Volta ao teu esforço! Em qualquer posto de trabalho honesto poderás ouvir minha voz, desde que me procures no coração!...

Emiliano Jardim sentiu que as lágrimas agora eram de júbilo e reconhecimento.

Em breves instantes, experimentava radical transformação.

À sua frente via a imensidade do céu e a imensidade do oceano, sentindo-se qual um mundo em que o Cristo houvera nascido. Recordou que não tinha senão escórias de miséria para ofertar a Jesus, e que seus sentimentos rudes simbolizavam aqueles animais que foram as primeiras visitas da manjedoura singela.

Deslumbrado, endereçou um pensamento de paz a todos os companheiros do pretérito e começou a compreender que cada um permanecia em sua posição de trabalho, na tarefa que o Senhor lhe designara. Poderosa vibração de amor ligava-o à Criação inteira. Não se torturava em raciocínios. Compreendia e chorava de júbilo. Levantou-se, enxugou as lágrimas e retomou o caminho da cidade barulhenta.

O nosso amigo conhecia de longos anos o Salvador, mas só agora encontrara o Mestre. Emiliano Jardim regressou, renovado, ao labor do Evangelho, depois do Natal diferente.

~ 6 ~
O drama de André

Falava-se, entre nós, dos problemas da educação com liberdade irrestrita, quando um dedicado servo do Evangelho observou com justiça:

— Crianças sem disciplina e jovens sem orientação sadia constituem o gérmen dos imensos desastres humanos. A civilização e o Estado podem apresentar os seus prejuízos, visto serem organizações perfectíveis nas mãos de homens imperfeitos; contudo, sem a sua influência, reverteriam à animalidade anterior. Assim ocorre, quanto ao lar e à educação doméstica. A família tem o seu quadro de lutas ásperas; entretanto, se lhe retirarmos o aparelhamento, tudo voltará às tribos sanguinárias dos tempos primitivos.

— Todavia, há quem coloque esse problema em plano secundário — retrucou um amigo —, a educação com os instintos emancipados tem os seus adeptos fervorosos, mesmo nos círculos do Espiritismo...

— Menos na esfera do Espiritismo Cristão — atalhou o mentor respeitável —; nas atividades meramente fenomênicas, sem qualquer propósito religioso, encontram-se companheiros obcecados por essa ilusão. Empolgados pela luz e pela liberalidade da Doutrina Consoladora, sem aderirem aos sentimentos de Jesus, costumam andar embriagados nos enganos brilhantes. Não percebem os perigos amargos que lhes sitiam a vida. Desinteressam-se da educação dos filhos mais tenros, com grave dano para o futuro do grupo familiar. No entanto, bastariam ligeiras considerações para o reconhecimento do erro clamoroso. Por que confiaria Deus determinados filhos a essas ou àquelas organizações paternas, se não fosse necessária semelhante cooperação no mecanismo da iluminação ou do resgate? O Eterno proporciona o doce licor do esquecimento às almas culpadas ou oprimidas, e mandou que se criassem os períodos da infância e da juventude, na Terra, a fim de que os senhores do Lar se valham do ensejo para a divina semeadura da bondade e do amor, visando ao trabalho da consciência retilínea do porvir. Para que serviriam, de outro modo, os pais humanos, se abdicassem a posição de sentinelas, entregando os filhos às tendências inferiores de ontem? Não seria condenar o instituto doméstico a um reduto de prazer vicioso?!

Tais interrogações ficavam no ar. Ninguém se atrevia a intervir no assunto, quando o nosso amigo tecia comentários tão fascinantes. Observando as nossas disposições mais íntimas, o generoso instrutor continuou:

— Aludindo à cegueira de alguns dos nossos irmãos do mundo, tenho um caso doloroso em minhas relações pessoais.

A pequena assembleia colocou-se à escuta, evidenciando justificado interesse.

— No fim do século passado — prosseguiu o devotado servo do Cristo —, quando os ideais espiritistas se alastravam no país, em modesto vilarejo do norte, um negociante honesto foi dos primeiros a demonstrar simpatia pelos princípios novos. André fora rubro seguidor do Positivismo, e, ainda sob a sua influenciação, penetrou os umbrais da doutrina, intoxicado por fortes ilusões no terreno da Filosofia transcendente. Bom discutidor, comentava sempre a vasta situação do mundo, tecendo referências encomiásticas à virtude, à fraternidade e à liberdade. Sua inteligência não era um diamante lapidado nos bancos acadêmicos; entretanto, apresentava, em suas características, a espontaneidade e a sutileza que assinalam o caboclo brasileiro. Não era rico, mas sua casa era farta e feliz. As remunerações eventuais do comércio ofereciam-lhe vantagens suficientes. Dois pequeninos enriqueciam-lhe o lar; no entanto, por mais que a esposa insistisse, a fim de que tivessem as necessidades espirituais atendidas, quanto ao problema religioso, André zombava, murmurando:

— Nada disso! Meus filhos hão de crescer sem tais prejuízos. Quero vê-los distante dos preconceitos dogmáticos de todos os tempos. Problemas religiosos cheiram a catecismo. Acaso ignoras que esses enganos já foram relegados aos clérigos caducos?

— Sim — explicava a companheira sem irritação —, compreendo teus escrúpulos, no sentido de preservar os meninos da exploração e do abuso do nome de Deus; todavia, não podemos eliminar as necessidades justas da alma. Já que não permitiremos a influência dos padres junto dos nossos filhinhos, precisamos criar um ambiente de ensino doméstico, onde aprendam conosco a cultivar o respeito e a obediência ao Altíssimo.

André exibia um risinho vaidoso e asseverava:

— Esquece as velharias, mulher! A razão resolverá isso. A mentalidade de agora reclama independência. Nossos filhos não serão escravos das disciplinas impiedosas que nos torturaram a infância.

— Mas — voltava a esposa, sensatamente — se Deus nos transformou em pais, neste mundo, é para que sejamos orientadores dedicados de nossos filhos. Quando não vigiamos, André, a liberdade pode transformar-se em libertinagem.

O marido parecia impressionar-se, momentaneamente, com as respostas; contudo, dava de ombros, sem maior consideração.

E o tempo foi passando. Na obediência ao regime paterno, os rapazelhos[3] cresceram voluntariosos e rudes. Somente abandonaram o curso primário após os quinze anos, em razão da ociosidade e indisciplina. Empenhavam-se, comumente, em atritos ásperos, dos quais apenas se afastavam, em sangue, depois de longas súplicas maternais. Odiavam os livros sérios, mas estavam sempre atentos às anedotas deprimentes.

Por essa época o progenitor começou a entender as dificuldades da situação, lamentando a leviandade de outros tempos, quando descurara a educação religiosa e moral dos filhos que Deus lhe havia confiado. Era, porém, muito tarde. Léo e Oscar, os dois rapazes, guardavam uma observação revoltante para cada conselho paternal. O nosso amigo tentou a internação dos jovens rebeldes em estabelecimento disciplinar, mas foi em vão. Procurou localizá-los em serviço honesto; entretanto, ambos eram admitidos para serem dispensados quase imediatamente. Ninguém lhes tolerava os costumes e as palavras torpes.

Certa vez, quando o comerciante chegava ao lar, em noite sombria, percebeu acalorada discussão no interior doméstico. Mais alguns passos e defrontou a cena humilhante. Em atitude ingrata, os filhos espancavam a própria mãe. Na sua indignação, André buscou expulsá-los, mas a esposa interveio com a ternura de sempre.

Decorridos alguns meses, ambos os rapazes foram apanhados em flagrante de furto. Após a prisão vexatória, o progenitor não conseguiu sofrear a revolta que lhe atormentava o coração e, não obstante as rogativas reiteradas da companheira, baniu os filhos do ninho familiar.

Alma esfacelada por desilusões tão amargas, providenciou a mudança de um Estado para outro. Vendeu a pequena propriedade comercial, as terras, os rebanhos e partiu. Entretanto, os cônjuges, apesar da união afetiva, em afinidades profundas,

---

[3] N.E.: Rapazotes.

embora a modificação da paisagem, nunca mais se avistaram com a tranquilidade primitiva. Ensaiavam o regresso à ventura de outros tempos, mas debalde. A lembrança dos filhos ingratos apresentava-se com as imposições da velhice, multiplicando, porém, as preocupações e as saudades.

Numa noite tempestuosa, André despertou às primeiras horas da madrugada, ouvindo forte ruído no corredor. Tomando da arma de fogo, levantou-se cautelosamente. Encaminhou-se ao cofre de madeira localizado em aposento contíguo, notando-o arrombado. Era um ladrão o visitante imprevisto. Como sombra no seio das sombras, André acompanha os passos do malfeitor e, antes que pudesse escapar, prostra-o com um tiro, quase à queima-roupa. Ergueu-se a esposa, assustada. Acendem a luz. E quando o comerciante, muito trêmulo, aproxima a lanterna do rosto da vítima que se esvaía em sangue, cruzam ambos o olhar.

— Meu pai!... meu pai!... — grita, em tom rouco, o malfeitor moribundo.

— Meu filho!... — exclamam, a um só tempo, marido e mulher, entre lágrimas de desesperação. Era Oscar que, ignorando o novo sítio da habitação paterna, atacara a residência, nos seus velhos hábitos de pilhagem.

O narrador fez uma pausa mais longa, reconhecendo o efeito de suas palavras no ânimo geral e continuou:

— É fácil imaginar a tragédia que se seguiu. O casal não teve coragem de revelar à Polícia a verdadeira condição da vítima, entregando-se André à ação judicial, quase imbecilizado na sua dor. Sua causa, porém, era simpática. A energia de que dera testemunho livrara o vilarejo de um bandido comum. Enquanto o povo o aplaudia, o negociante chorava, angustiado. E, antes de regressar do cárcere, aconteceu o que seria de esperar. A pobre mãe, ralada pelo infortúnio extremo, entregou a alma a Deus, assistida pelas dedicações da vizinhança.

O nosso amigo estava, agora, sem ninguém.

Quanto maiores eram as esperanças de liberdade em futuro próximo, mais lastimava a própria dor. Por fim saiu da cadeia pública, ovacionado pela simpatia popular como herói.

André, no entanto, permanecia inerte, derrotado. Vendeu quanto possuía, a fim de pagar as custas da Justiça que o absolvera e tornou a partir, sem destino.

Velho, cansado, sozinho, não se sentiu bastante forte para recomeçar a luta. Noites ao relento, dias de fome, roupa em frangalhos e lá se ia, de aldeia em aldeia, vivendo da caridade comum. Parecia idiota, incapaz de qualquer reação. O tempo incumbiu-se de completar-lhe a feição de mendigo. Larga bolsa de couro à cintura, rosto hirsuto, grosseiro cajado para os caminhos ásperos, prosseguia, sem pousada certa, recorrendo à generosidade popular.

Os anos rolavam para o seu coração, em amargoso silêncio, quando, num crepúsculo de borrasca forte, o mísero velhinho se aproximou de um rio transbordante. O desventurado necessitava ganhar a outra margem, tentando o abrigo na localidade mais próxima. Um homem corpulento, de traços rudes, convida-o com um gesto mudo a tomar a canoa frágil. O pedinte aceita. O barqueiro desconhecido não cessa de fixar a bolsa, onde André recolhe os vinténs da piedade pública. Enquanto isso, o desventurado ancião pousa os olhos nevoados pela velhice no seu benfeitor, que remava em silêncio. A ternura paterna volve a pintar-se no semblante sulcado de rugas. Se Léo ainda existisse, devia parecer-se com aquele homem. Olvidando todas as preocupações para recordar o filho, o desventurado não percebe os movimentos sutis do barqueiro anônimo.

Distante da margem, o remador lança um último olhar aos matagais vizinhos, amortalhados na sombra do crepúsculo e, sentindo-se sem testemunhas, avança para o mendigo miserável, arrebata-lhe a bolsa e atira-lhe o corpo na corrente tranquila, murmurando com ironia:

— As águas não falam!... Vamos, velho imundo, uma bolsa não te pode salvar a vida!

André compreendeu, afinal: aquela voz era do filho desaparecido. Não hesitou. O sentimento de paternidade não o havia enganado.

— Léo!... Léo! Meu filho!... — gritou angustiado.

Entretanto, era tarde. Ambos trocaram o supremo olhar, com estranha sensação de sofrimento e pavor, mergulhando o velhinho para sempre.

Como veem — concluiu o narrador emocionado —, André foi indiferente à educação moral dos filhos, esquecendo-se de efetuar a semeadura da infância, a fim de construir-lhes o caráter na juventude. A experiência resultou-lhe em frutos bem amargos. Depois de eliminar, involuntariamente, um deles, acabou assassinado pelo outro.

Compreenderam, agora, o que significa educação com liberdade irrestrita?

A reduzida assembleia permanecia sob penosa comoção e ninguém ousou responder.

~ 7 ~
O transporte revelador

Jovelino Soares, na sua vida calma de interior, desde algum tempo andava todo entregue às primeiras experiências mediúnicas. Não desprezava a pequena oficina de mecânica, onde, com a colaboração de alguns auxiliares, era, mais ou menos, o patrão de si mesmo. Entretanto, não se furtava às prosas longas com os amigos. Raro o cliente que, em trazendo máquinas a conserto, não lhe ouvisse extensas narrativas de casos pessoais. Andava impressionado, sobretudo, com os fenômenos de desdobramento. Colecionava apreciável bagagem literária, nesse ramo dos conhecimentos espiritualistas, e lamentava que as suas faculdades incipientes lhe não proporcionassem os grandes voos. No entanto, dia e noite, procurava efetuar o *tentame*. Às vezes, enquanto os empregados iam e vinham, à cata de chaves ou parafusos, lá estava o Jovelino em concentrações reiteradas, no aposento íntimo. Queria, a qualquer preço, realizar os transportes de grande envergadura. À noite, esquivava-se ao serviço humilde do bem, porque não se contentava em confortar um doente, aplicando-lhe fluidos curadores ou reconfortantes, nem se conformava com o exame dos ensinamentos morais que as reuniões evangélicas ofereciam. Dava preferência a tentativas mais vastas. Não se haviam verificado importantes desdobramentos com sensitivos diversos? Os livros científicos estavam repletos de relatórios, nesse particular. Seus estudos e investigações prolongavam-se noite adentro.

Por vezes, a esposa dedicada chamava-o a melhores raciocínios.

— Jovelino, não será mais razoável que te consagres ao trabalho profissional com assiduidade e devotamento?! Chego a afligir-me por tua saúde. Creio que é muito justa a tua aspiração de maiores edificações espirituais; contudo, suponho que deves metodizar os teus esforços nesse plano, sem descurar os deveres que condizem com a paz de nosso lar.

O marido, com expressão quase rude nos olhos frios, murmurava com tédio:

— Ora essa! Que falta à nossa casa?

E concluía, resmungando:

— Como sempre acontece, não me podes compreender.

A companheira voltava, humilde, a novos argumentos, evidenciando enorme ternura:

— Não me refiro às tuas experiências, no sentido de condená-las. Conheço o valor da Espiritualidade e não me internaria em considerações descabidas. Não posso, porém, aprovar os excessos a que te vens entregando, desde algum tempo. Não nos falta pão à mesa; todavia, escasseia a nossa tranquilidade doméstica. Teus hábitos estão fundamente alterados pelas demasiadas concentrações, sem qualquer observação de tempo ou conveniência...

Jovelino, todavia, não a deixara terminar:

— Ignoras, acaso, meus propósitos? — perguntou irritado. — Desconheces os poderes do homem que se torna senhor dos dons superiores da natureza psíquica? Espero obter os grandes transportes, em breves dias.

E, numa antevisão das experiências gloriosas, exclamava de olhos parados, fixos na imensidade azul que se podia divisar além da janela aberta:

— Desdobrar-me! Ver os céus ilimitados... Conhecer a intimidade dos outros seres!... Oh! que ventura poderá ser igualada a essa?! Como tudo será então mesquinho, neste mundo, aos meus olhos!...

A esposa afastava-se do visionário, procurando disfarçar as torturantes preocupações que lhe ralavam a alma sensível. E, por muito tempo, Jovelino Soares prosseguiu em suas práticas exaustivas, indiferente aos prejuízos domésticos. Mantinha-se nas atitudes de recolhimento, num esforço incessante. Entregava-se às fórmulas verbais, multiplicava os jejuns, nos quais havia muitos compromissos palavrosos, mas nenhuma espontaneidade.

A situação permanecia nessa altura, quando, em noite de enorme esgotamento das energias físicas, o nosso amigo foi arrebatado a um sonho deslumbrante. Sentia-se afinal em prodigioso desdobramento. A região a que aportara, em voo célere, coroava-se de infinita beleza. Palácios de neblina dourada fulgiam a seus olhos; extasiado, no cume de um monte adornado de luz, contemplava a cena, admirando a maravilha, em humilde genuflexão.

Leve ruído denunciou a presença de alguém que parecia procurá-lo com interesse. O generoso benfeitor espiritual, que se adiantava, mostrou-lhe um sorriso bondoso e interrogou com doçura fraternal:

— Jovelino, a caridade augusta do Cristo permitiu que viesses até aqui e estou pronto a atender-te. Que desejas do Senhor, com impulso tão forte?

Sentindo-se vitorioso, o interpelado redarguiu:

— Valoroso emissário, desejo receber os dons do desdobramento espiritual lá no mundo.

O mensageiro tomou uma atitude benevolente e esclareceu:

— Mas já fizeste as experiências que a Terra te oferece nesse sentido? És um Espírito desdobrado nas obrigações diversas?

Podes ser pai, filho, irmão, amigo, servo ou mordomo ao mesmo tempo, sem inclinações prejudiciais, sabendo amar, corrigir, orientar, administrar, obedecer ou servir, simultaneamente?

Jovelino experimentou um choque intraduzível. Entendeu, de relance, a complexidade dos deveres que lhe eram exigidos e obtemperou:

— Conheço, porém, pessoas que se desdobram sem tão grandes preocupações.

— Em geral — respondeu-lhe o emissário, com solicitude —, nem todos os frutos são colhidos na época adequada e, quase sempre, os frutos verdes são presa de crianças que os inutilizam desastradamente.

Ante a observação justa, que consubstanciava um feixe de ensinamentos felizes, o visitante da esfera espiritual voltou a dizer, tentando explicar-se:

— Talvez não tenha sido bastante claro. O que desejo é a permissão para os transportes sublimes da alma!...

— Já efetuaste, porém, o aprendizado dessa natureza que o mundo te proporciona? Encontras-te senhor de semelhante aquisição? Como te transportas da alegria para a dor, da saúde para a enfermidade, da união para a separação, do conforto para as dificuldades? Guardas, em tudo, o mesmo padrão de confiança em Deus, portando-te, em todas as circunstâncias, como em serviço de sua vontade e de seu amor? O Espírito terrestre não conhecerá os transportes sublimes, sem essa preparação justa.

Jovelino Soares ficou atônito. Francamente, não havia pensado nisso. Embora se esforçasse, não encontrava recursos, a fim de responder. O generoso mensageiro, percebendo-lhe a confusão natural, acariciou-lhe a fronte com inexcedível bondade e falou brandamente:

— Teus serviços, entretanto, não estão perdidos. Fixa a atenção, porque te conduzirei, neste momento, à melhor região em que te podes manter com benefícios. Mais tarde, poderás atravessar os vastos domínios de outros mundos, o sistema solar exporá aos teus olhos maravilhas indescritíveis; mas a solução do problema é igual ao da escada ou da montanha — é preciso equilibrar-se ao subir. O lugar a que serás agora conduzido não é tão luminoso e todavia possui a sua beleza peculiar. É a zona compatível com a tua posição atual, mesmo porque, bem sabes que não se pode trair a classificação gradual da Natureza. No entanto, se conseguires ver, como se torna necessário, encontrarás aí numerosas maneiras de enriqueceres as tuas faculdades. Reconhecerás as diversas potências que permanecem a serviço de tua iluminação.

Jovelino exultava. A seu ver, ia, enfim, descortinar os segredos do Céu. Não seria naturalmente arrebatado às constelações mais altas, contudo seria levado a regiões de sublime surpresa.

O bondoso mensageiro estendeu-lhe a mão e disse em voz firme:

— Vamos!

O mecânico experimentou indefinível sensação de deslocamento. Guardava a impressão de que tombava sobre um abismo de luz.

Daí a momentos acordou, violentamente, no leito.

Como interpretar a visão inesquecível? Qual se fora auxiliado por benfeitores intangíveis, começou a fixar a atenção em si mesmo. Contemplou os pés e meditou nos benefícios que deles poderia auferir, caminhando exclusivamente para a bondade; deteve-se no exame das mãos e refletiu na imensidade de tarefas generosas que lhe era possível cumprir. E os olhos? Não conseguiria com eles realizar o trabalho de seleção perfeita da verdade e do bem, de modo a se afastar de todo o mal? E os ouvidos? Não seria justo convertê-los em arquivos de prudência e sabedoria? Jovelino passou revista às faculdades comuns, identificando-lhes o valor que, até então, desconhecera. Não seriam elas as potências preciosas concedidas por Deus para o bem de sua iluminação?

Extremamente reconhecido, parecia tocado de uma vibração nova. Não conseguiu permanecer no leito por mais tempo. Enquanto a esposa e os filhinhos repousavam, levantou-se e abriu uma janela. Os sopros da madrugada penetraram a habitação em baforadas frescas. As últimas estrelas tornavam-se mais pálidas. O cântico repetido dos galos chamava os seres à atividade cotidiana e toda a Natureza figurou-se-lhe em marcha jubilosa.

O nosso amigo, experimentando intraduzível emotividade, sentiu estranha atração para a vida e para o trabalho. Seu coração descobrira uma revelação poderosa. Compreendeu que a região divina compatível com a sua posição espiritual, a que fora conduzido por um emissário do Cristo, era o seu próprio corpo terrestre. Era aí mesmo que poderia descortinar belezas sem conta e infinitas possibilidades de iluminação.

~ 8 ~
O livre-pensador

Raimundo da Anunciação viera do materialismo para o conhecimento da Doutrina dos Espíritos; entretanto, por maiores que fossem as advertências dos amigos sinceros, não se furtava ao vício das discussões sem propósito definido. Desde cedo, transformara-se em polemista contumaz, rebelde a qualquer ideia de humildade, ou de compreensão das necessidades alheias. Havia um ponto obscuro em alguma questão intrincada da vida? Não encontrava dificuldade para completar os casos e esclarecer o assunto, a seu modo. Essa mania de julgar precipitadamente e de terçar armas pela imposição de suas ideias fora transportada às suas atividades espiritistas, com enorme prejuízo para a sua edificação interior. Parecia uma pilha humana em permanente irritação contra as demais confissões religiosas.

Funcionário com responsabilidade definida, levava à repartição suas polêmicas intermináveis. Enquanto o diretor despachava processos no gabinete, ele permanecia em trabalho ativo, atendendo a papéis que lhe requisitavam esmerada atenção. Contudo, logo que se afastava o chefe imediato, acendia um charuto distinto e tocava a explanar a situação do próximo ou dos companheiros.

— E você, Renato — dizia a um colega, em tom de zombaria —, ainda não se decidiu pelo Espiritismo?

Em virtude de o rapaz revelar-se confuso, mastigando um monossílabo, à guisa de resposta, o valente polemista continuava:

— Ah! esses padres! Você anda seduzido pelos latinórios, perdendo tempo. É um absurdo entregar-se uma inteligência como a sua à exploração clerical; mas espero que, mais cedo ou mais tarde, toda essa organização detestável venha abaixo.

Era o início de longa perlenga. O companheiro idoso, da frente, católico romano fervoroso, vinha em socorro do jovem tímido:

— Mas, Raimundo, que tem você com os padres? Creio que a nossa Igreja é tão respeitável quanto as outras. Além disso, não podemos ignorar que a maioria está conosco.

O interpelado enrubescia e, atalhando, de pronto, exclamava colérico:

— Alto lá! Deus nos livre da influência do clero! Declaremos guerra aos traficantes do altar. O progresso humano há de afugentá-los como a luz da manhã expulsa os morcegos sugadores! Nada de transigência com os falsos sacerdotes. Odeio essa gente de roupa negra, que anda em serviço do interesse mesquinho, abusando da ignorância popular. Esses biltres hão de ser derrubados mais cedo do que se julga!

E um rosário de injúrias era desfiado ali, ante os companheiros assombrados.

Quando se oferecia a pausa natural, o antagonista revidava:

— Desconheço com que autoridade pode você movimentar tamanhas acusações.

— Não sabe? — dizia Raimundo, neurastênico. E depois de mastigar a ponta do charuto:

— Eu sou livre-pensador!

A discussão prosseguia acesa, até que um colega vinha pedir calma aos contendores, a fim de que o trabalho não fosse excessivamente perturbado.

Semelhantes características seriam facilmente compreensíveis, como índice de fanatismo individual, se fossem limitadas à análise das outras escolas religiosas; mas a situação era mais grave.

Raimundo da Anunciação vivia em controvérsias constantes com os irmãos de ideal. Depois de algum tempo de frequência a esta ou àquela instituição espiritista, voltava-se contra os amigos da véspera, numa atoarda de alegações injustas. Aludindo aos diretores da casa, de cujas realizações havia participado, comentava, levianamente:

— São intolerantes e arbitrários, não lhes tolero o fingimento.

Referindo-se à assistência, rematava irônico:

— Jamais vi no mundo tamanha turma de ignorantes e basbaques.

Um companheiro mais sensato chamava-lhe a atenção, com carinho:

— Mas, Raimundo, afinal de contas, ainda somos criaturas em aprendizado num mundo imperfeito. Se tivéssemos as qualidades superiores, exigidas pela existência nas esferas elevadas, por certo que não permaneceríamos na Terra. É razoável que os anjos não povoem os abismos da sombra. Então, por que olvidar o dever da tolerância recíproca? Nossos companheiros não são maus, e sim Espíritos incompletos nas virtudes divinas, à maneira de nós outros. Não acredita você que estejamos num processo de aproximação afetiva, em que os defeitos de todos vão desaparecendo pelo concurso amoroso de cada um?

O interlocutor não se dava ao esforço de maior exame e retrucava, intempestivamente:

— Detesto a hipocrisia!...

— Não se trata, porém, de hipocrisia — ponderava o irmão na fé —, mas de compreender uma situação generalizada, de que não poderemos fugir, sem o testemunho individual, construindo a nossa parte.

— Não tolero confusões nem subterfúgios — exclamava Raimundo, irado.

— Todavia, por que alimentar semelhante estado da alma?

— Sou livre-pensador! — explicava, repetindo o velho estribilho.

Era assim que a rebeldia se lhe assenhoreava, integralmente, do espírito.

Antes de entregar à terra o corpo abatido, sua generosa genitora chamou-o, um dia, preocupada:

— Raimundo, meu filho, sei que estou a me despedir do mundo; no entanto, desejaria que a morte me surpreendesse somente quando me fosse possível guardar a certeza de sua renovação.

E com um olhar amoroso e triste, continuava:

— Não discuta esterilmente. Aprenda a reconhecer nos outros necessidades diferentes das nossas. Nem todos os homens poderão partilhar de suas crenças. Não vemos que a idade assinala as criaturas? Entre a meninice, a mocidade e a decrepitude, há numerosos graus de posição física. Não considera você que o mesmo ocorre quanto à situação espiritual das pessoas? Abstenha-se da imposição. A romagem terrestre é tão curta!... Por que lutar, improficuamente, quando se pode semear simpatias para a colheita do amor? Se Deus não tiraniza os seus filhos, que argumento justificaria nossa intransigência com os irmãos? Modifique o seu temperamento, meu filho! O tempo é um patrimônio sagrado que ninguém malbarata sem graves reparações...

O discutidor renitente estava comovido, mais pela humildade maternal, que pelas reflexões judiciosas.

— Agradeço-lhe, mamãe — disse ele, depois de um ósculo na destra encarquilhada da anciã —, reconheço a delicadeza de suas preocupações; mas a senhora sabe que sou um homem sincero e que devo pensar livremente.

A velhinha enferma esboçou um olhar de desânimo e murmurou com ternura, desejosa de evitar as contendas habituais:

— Deus o abençoe sempre.

Foram inúteis todos os conselhos. Raimundo da Anunciação chegou ao fim da experiência terrestre, discutindo irremediavelmente. Cultivou antagonismos ferozes e procurou impor suas convicções pessoais, no próprio leito de morte, espantando os que o visitavam por mera cortesia.

Novamente na esfera espiritual, o nosso amigo, após lutas enormes no círculo das surpresas que o esperavam, foi admitido ao local mais próximo, onde os recém-chegados do mundo recebiam solução de certos problemas de natureza imediata.

Conduzido à presença do iluminado diretor da instituição de esclarecimento aos desencarnados, Raimundo rogou, humilde, os informes necessários, com referência ao seu caso. Queixou-se em tom amargo. Sentia-se em abandono, sem ninguém.

— Em geral — esclareceu o mentor com generosidade fraternal — os que permanecem aqui, neste estado, são os homens que não cogitaram de um esforço sério.

— Como assim? — perguntou contrafeito — fui na Terra um batalhador das ideias novas.

O instrutor encaminhou-se a um móvel de vastas proporções, de contornos indescritíveis pelo lápis humano e, retirando de seu interior uma folha luminosa, exclamou com bondade:

— Tenho a cópia de suas notas, vejamos.

— Quê? — interrogou Raimundo, desapontado — as fichas individuais existem aqui?

— Por que não? — respondeu o interpelado serenamente — acaso terá esquecido que sua repartição fichava processos comuns, preservando-lhes a integridade? Supõe que os Espíritos imortais sejam inferiores aos papéis terrenos?

O recém-chegado, observando a mudança da situação, entrou em profundo silêncio.

— Leiamos os dados informativos de sua última experiência no planeta terrestre — prosseguiu o diretor da casa espiritual, com generosidade. — Você esteve cinquenta e três anos e cinco dias na Terra, excetuado o período da infância e da juventude, que constam de outras anotações, num total 460 mil horas. Um terço você gastou em repouso, sono e distrações, nos quais fixaremos a atenção para exames mais complexos, em seguida à análise desta ficha de tempo. Restam 309.600 horas, das quais 58.050 foram utilizadas em serviço mecânico de escritório, 51.550 em atividades de alimentação do corpo, sobrando 200 mil horas que você empregou em discussões improdutivas, mentais ou verbais, diretas e indiretas.

Raimundo estava quase sufocado na atitude de doloroso assombro.

— Não fui um preguiçoso — protestou.

O mentor voltou a dizer, serenamente:

— Não se condena um homem que discute edificando. O esclarecimento justo, a seu tempo, constitui coluna poderosa no edifício do reino de Deus. Entretanto, no seu caso, as circunstâncias são altamente desfavoráveis, porque o esmagador coeficiente de atritos apenas serviu para agravar as suas vaidades, sem nenhuma construção espiritual definitiva, em si mesmo, ou no planeta, dignificando sua passagem.

O interlocutor hesitava, surpreendido. Desapontado, quase em pranto, tentava esclarecer:

— Mas eu... eu...

— Já sei — murmurou o instrutor —, já sei que você vai referir-se à sua condição de livre-pensador.

Enquanto o recém-chegado se recolhia em penosa amargura, o benfeitor continuava:

— Quando se julgou livre no mundo, não passava você de servo das mesmas paixões que amesquinham os outros homens. Em geral, na Terra, os livres-pensadores são livres dominadores. Por que não se supôs, na experiência humana, um livre servidor do Cristo? Com Jesus, toda independência é enriquecimento de responsabilidade salvadora. Por que não se sentiu liberto do egoísmo inferior para auxiliar, em vez de atacar acerbamente? Só podemos analisar uma obra, Raimundo, depois de a conhecermos intimamente. Todos aqueles a quem você condenou em críticas gratuitas podem alegar que você não lhes conhecia o esforço individual. Não sabe que só aquele que trabalhou tem direito a comentar a tarefa? Além disso, quando consultarmos as demais anotações, há de observar o número extenso de pessoas que se afastaram da Verdade, adiando momentos de alegria divina, por influenciação de seus atritos inoportunos; conhecerá as faltas de omissão cometidas por seu espírito, no desprezo aos patrimônios do tempo e das alheias realizações. Se você preferir, podemos examinar agora as demais fichas de sua passagem pela Terra.

— Se possível, desejaria esse conhecimento depois... — respondeu Raimundo, em lágrimas.

E o nosso amigo, por anos consecutivos, entrou em vastas meditações da verdade e da vida, auxiliado por generosos benfeitores espirituais.

Quando dois lustros haviam passado, voltou à presença do instrutor que o tomara à sua conta e suplicou uma nova experiência na Terra.

— Você já escolheu o gênero de trabalho? — perguntou ele bondosamente.

— Sim — explicou o antigo discutidor, hesitante —, desejo ser mudo entre os meus adversários de outros tempos.

— Muito bem — exclamou o mentor, abraçando-o —, é a tarefa compatível com as suas necessidades atuais. Você renascerá mudo e com ótimos ouvidos, porque, segundo sua ficha de tempo, não lhe será possível entregar-se a qualquer realização mais elevada, enquanto não permanecer em silêncio por vinte dois anos e alguns meses, escutando para aprender e impossibilitado de falar coisa alguma.

~ 9 ~
Desapontamento de um suicida

O generoso Rogério, excelente amigo do Plano Espiritual, que, desde muitos anos, vem consagrando as melhores energias ao serviço das entidades sofredoras, procurou-me para um convite.

— Queres acompanhar-me no trabalho de socorrer um desventurado suicida que sofre nas regiões inferiores, há trinta anos?

— Trinta anos? — interroguei, admirado.

— Outros existem, nos círculos de padecimentos atrozes, com mais dilatado tempo que esse — respondeu serenamente.

Por minha parte, não conseguia dissimular o assombro justo.

— Semelhantes angústias — retorqui — devem ser consequências de romance bem doloroso.

— Não tanto. No presente caso, ao lado do infortúnio, não podemos esquecer a irreflexão e a rebeldia.

A observação de Rogério espicaça-me a curiosidade.

— Gostaria de acompanhar-te, mas não me posso furtar ao desejo de conhecer alguma coisa da história dessa personagem que iremos visitar.

— É interessante — replicou-me —, entretanto, não é incomum. Homens numerosos se encontram, atualmente, em suas antigas condições.

E, depois de tomar posição como narrador engraçado e otimista, começou atencioso:

— Há cerca de trinta anos, Tomazino Pereira era empregado de uma tipografia no Rio de Janeiro. Temperamento singular e atrabiliário, jamais pudera evadir-se do círculo das lamentações estéreis. Não se fazia ouvir senão para comover os interlocutores com queixas acerbas. Lastimava-se incessantemente. Acusava o mundo, o país, o trabalho, os amigos. Em vão procuravam os companheiros injetar-lhe coragem e otimismo. O mísero estava sempre excessivamente nervoso ou irremediavelmente desalentado. A família numerosa, os deveres cotidianos, as contas mensais do armazém, açougueiro e padeiro, amedrontavam-lhe o espírito. Entretanto, a maior tragédia de Tomazino, na apreciação de si próprio, era o problema conjugal. A esposa ignorante não o compreendia. E em vez de melhorar-lhe as condições espirituais com carinho e paciência, levantando-lhe as concepções em busca dos horizontes superiores da vida, o infeliz gastava o tempo em promessas de pancada, ameaças de separação, gestos violentos e rudes. A situação enchia os filhinhos do casal de espanto e amargura, pois o chefe da casa, em desespero, dava a impressão de um louco, sem esperança de cura. Quando não esmurrava as mesas, em fúria doentia, mantinha-se em atitude de extrema desolação, apático, em prantos angustiosos. No quadro de seus afeiçoados, estava o Oscar Fraga, amigo de infância e de luta diária, que se valia das fases de desânimo do amigo para mais aproximar-se, tentando arrancar-lhe a alma das tempestades da incompreensão. O caso, porém, tornava-se mais complicado, dia a dia. Tomazino andava possuído de ideia sinistra. Alimentava o propósito de suicídio com preocupação crescente. No íntimo, sempre considerara os que fogem às tormentas da vida humana como criaturas privilegiadas e corajosas. Não era a melhor maneira de protestar contra o destino, retirar-se do mundo, em silêncio? Não lhe parecia a existência terrestre enorme banquete, no qual alguns se serviam dos milhares, reservando-se a outros as ervas amargosas? Depor o fardo a meio do caminho, em seu modo de ver, constituía a atitude mais consentânea com a dignidade pessoal. No fundo, acreditava na existência de Deus, mas a cegueira de espírito não lhe deixava entrever o menor vislumbre das verdades essenciais, que o induziriam à coragem indispensável no combate comum. À medida que lhe crescia na alma a intenção de escapar à luta, mais se sentia herói.

Percebendo-lhe tão perigosas disposições, Fraga, que era espiritista convicto, aproximou-se com mais vigor, trazendo-lhe a cooperação fraternal de que dispunha. Eram mensagens de suicidas desventurados, exortações evangélicas, páginas de consolação e reerguimento moral.

— Tudo isso é fumo de ilusão — exclamava Tomazino, desalentado —, ninguém pode regressar da poeira do túmulo. Creio em Deus e estou certo de que Ele, mais que ninguém, compreende minha dor.

— Também eu — murmurava o companheiro, pacientemente — não ponho em dúvida o interesse amoroso do Altíssimo em nosso favor. Naturalmente entenderá nossas mágoas, mas não poderá tolerar nossas rebeldias.

— É isso! — gritava mais fortemente o infeliz — estou abandonado, tudo para mim está perdido! A desgraça colheu minha sorte, é preciso morrer. Tudo apodreceu, tudo caiu!...

E, enquanto o desventurado enxugava os olhos com o lenço, o companheiro retrucava com larga dose de bom humor:

— O nervosismo costuma também fugir à verdade. Não estás sendo reto.

— E ainda me acusas? — perguntava Tomazino, desgrenhado.

— Nem todas as coisas permanecem derrubadas — esclarecia Fraga, calmamente —, pelo menos esta casa, que Deus transformou em ninho de teus filhos e onde encontramos refúgio para a conversação afetuosa, ainda está de pé.

A resposta parecia suavizar os abafamentos do interlocutor, pela nota de humorismo. Depois de alguns minutos pesados de meditação, Tomazino voltava em desalento:

— Mas... e Olinda?! Se minha mulher compreendesse as necessidades justas, talvez a vida se equilibrasse...

— Por que não lhe auxilias a alma inculta, empenhando nisso as melhores forças do coração? — inquiria o companheiro sensatamente. — Olinda não é má. Como sabes, a ignorância tem arestas que é necessário desgastar. Além disso, nunca deverias esquecer que se trata da mãe de teus filhinhos. Deus não vos teria unido sem razões fortes, na estrada da vida imortal. Vejo, em tudo isso, a representação de teus débitos espirituais no passado e que se torna imprescindível resgatar.

Tomazino atalhava em tom irado:

— Não tens outro argumento senão esta história de reencarnações?

— Tenho, sim... — murmurava o Fraga, sem se perturbar.

E enquanto o outro o contemplava espantado:

— É indispensável que cada um saiba carregar a sua cruz redentora.

— És sempre fecundo nos conselhos! — clamava o mísero, desesperado.

O amigo, porém, sem qualquer irritação, prosseguia de bom humor:

— Estás enganado. Esse conselho não é meu, é de Jesus Cristo. Não me sinto devidamente iluminado para orientar a quem quer que seja; no entanto, creio que concordarás comigo quanto à competência do Salvador.

A verdade, contudo, é que Fraga sempre se retirava sem obter nenhum resultado satisfatório. Irascível, teimoso, impermeável aos benefícios da fé religiosa, Tomazino Pereira manteve-se inacessível a todos os processos de socorro espiritual. E na ideia orgulhosa de que poderia enfrentar o próprio Deus, a fim de inquirir o Criador, quanto aos enigmas do destino, uma noite tranquila, sem que ninguém esperasse, estourou os miolos irrefletidamente.

A narração movimentada levou-me a recordar alguns companheiros das tarefas humanas, impressionando-me, vivamente.

— Esse é o Espírito que encontraremos daqui a alguns instantes — concluiu Rogério com um sorriso generoso.

De fato, sem despender maior esforço, descemos a uma região de sombras muito espessas. Assemelhava-se, antes de tudo, a uma grande caverna pestilenta e úmida, como deveriam ser os calabouços da Idade Média. Viam-se ali criaturas estiradas, em gemidos lancinantes.

Conservando-se a distância, Rogério exortou-me a permanecer em sua companhia e enviou alguns auxiliares em busca do desventurado Tomazino.

O infeliz aproximou-se, de rastros. Parecia um monstro, tal a desfiguração pelo sofrimento. Observando os fluidos luminosos que envolviam Rogério a esperá-lo, o mísero supôs que defrontava um dos mais altos emissários de Deus. Enganado ainda pelas falsas concepções da Terra, começou a chorar, convulsivamente, acreditando que o Altíssimo lhe dispensava honrosas deferências, como se fora um herói esquecido, em revisão de processo.

— Anjo celeste — murmurou, prostrando-se ante Rogério —, eu sabia que Deus me faria justiça. Fui um infortunado na Terra, vaguei como cão sem dono entre aqueles que desfrutavam o banquete da vida humana; atravessei a existência incompreendido e aqui estou, em abandono, em pavorosa caverna de martírios, aguardando a Providência Divina...

As lágrimas caíam-lhe em suprema desesperação. O interpelado, porém, mantinha-se em serenidade impassível e disse-lhe com firmeza:

— Tomazino, esquece o vício da queixa. Não sou um anjo celestial, sou teu irmão no mesmo caminho evolutivo. Não vim até aqui para arquivar as tuas lamentações, mas para sugerir-te calma e boa vontade, atendendo a muitas rogativas dos que se interessam por ti. Não consta, no Plano Espiritual mais elevado, que hajas sido tão infeliz, e sim que sempre foste rebelde aos alvitres divinos, quanto preguiçoso nas realizações para a vida eterna.

O suicida experimentou indisfarçável surpresa. Esperava que todos os emissários do Mundo Superior fossem portadores de uma doçura de mel. Viciado como criança caprichosa e exigente, não entendia a bondade fora dos prismas da ternura. Assustado, Tomazino assumiu atitude diversa.

— Venho para ser útil às tuas necessidades presentes — continuou Rogério sem emoção —, prestando-te este ou aquele informe que julgues necessário ao soerguimento do teu espírito.

Via-se que o choque fora benéfico a Tomazino. Começando a compreender que a responsabilidade não dispensa a energia, fazia esforços para esquecer as velhas lamúrias e enveredar por expressões sérias, condizentes com a sua posição espiritual.

— Desejaria receber notícias de meus filhos! — disse num gesto mais digno.

— Todos realizam as suas tarefas satisfatoriamente — esclareceu Rogério, delicado. — Como deves saber, as obras de Deus não sofrem solução de continuidade, porque este ou aquele dos trabalhadores delibere escapar aos compromissos assumidos. Teus filhos são homens de bem, úteis à sociedade de que são parte integrante e ativa; tuas filhas, nos dias que correm, são mães devotadas e generosas. Eles confiavam em ti, quando não possuías nenhuma parcela de confiança em ti mesmo. E porque hajas fugido ao lar, desamparando-os, nunca te esqueceram nas intercessões amorosas.

— Infeliz que fui! — exclamou o suicida com acento amarguroso.

— Devias afirmar, antes de tudo, que foste tolo!

Extremamente desapontado, Tomazino quis desviar o assunto e interrogou:

— Creio que tendes poder para auxiliar-me. Que devo fazer para melhorar esta situação? Sinto a cabeça tonta, sem direção... Desejaria, pelo menos, alcançar um tantinho de saúde...

— Perguntaste bem — disse-lhe o meu amigo —, esse desejo evidencia as tuas melhoras espirituais. O que te poderá restaurar a saúde e o equilíbrio é a nova aplicação de terra.

— Aplicação de terra? — revidou Tomazino assombrado.

— Sim, terás de ser revestido, novamente, de um corpo terrestre. No planeta encontrarás o remédio para teus males. Despedaçaste o crânio e voltarás a exibir, no mundo, o crânio despedaçado. Não te faltará a medicação...

— Medicação?

— Perfeitamente — esclareceu Rogério —, o idiotismo, a loucura, o desequilíbrio nervoso...

— São doenças — atalhou o suicida prontamente.

— É verdade, Tomazino, os seres terrenos ainda não compreenderam; mas, enquanto curam as enfermidades, acabam curados por elas. Aceitas, pois, o remédio do porvir?

Reconhecia-se o pavor do infeliz, em face da indicação, mas, ao cabo de longos minutos de meditação, murmurou humilhado:

— Aceito... Quando deverei voltar?

— Quando nossa irmã Olinda estiver em condições de te receber nos braços maternos.

O suicida compreendeu e entrou em profundo silêncio.

Daí a instantes era novamente recolhido ao seu cárcere de dor. Acerquei-me, então, de Rogério, admirado. Meu amigo trazia agora os olhos úmidos, revelando enorme piedade e comoção. Antes que lhe fizesse qualquer pergunta, tomou-me delicadamente o braço e murmurou compungido:

— Imensa é a tragédia dos Espíritos sofredores. Mas, no auxílio efetivo, é indispensável considerar que cada doente reclama o seu remédio. A maioria dos suicidas requisita a dureza e a ironia para que possa entender a verdade. Até que se verifique a próxima experiência terrestre, Tomazino Pereira estudará sinceramente a própria situação e não se queixará mais...

10
O investigador inconsciente

O velho operário, em companhia da filha, identificou a placa brilhante no saguão do enorme edifício e galgou a escada, de olhos serenos e confiantes. Depois de bater respeitosamente à porta, atendido por distinto cavalheiro, apresentou a jovem enferma e explicou:

— Doutor, minha filha há muito vem apresentando sintomas perturbadores. Frequentemente apresenta-se tomada por forças estranhas, absolutamente incompreensíveis. Parece alucinada e, no entanto, patenteia o dom da adivinhação, com elementos irrefutáveis. Uma carta, um cofre fechado não lhe oferecem segredos. Já procuramos ouvir alguns médicos, que, afinal de contas, apenas me agravaram as preocupações. Soube, porém, que o senhor é espiritista e, como já temos recorrido aos préstimos de alguns vizinhos, estou certo de que a sua ciência nos dará a solução necessária.

O Dr. Matoso Dupont fixou o olhar percuciente na doentinha e apressou-se a esclarecer:

— Não sou propriamente espiritista, mas um observador dos fenômenos comuns; sou metapsiquista...

O consulente, naturalmente acanhado, guardou silêncio, enquanto o médico atacava a enferma numa saraivada de perguntas. E revelava, no olhar, a alegria do pescador quando fisga o peixe inocente, ou do experimentador que encontra uma cobaia preciosa. O pai acompanhava a cena com interesse. O Dr. Dupont esfregava as mãos, visivelmente surpreendido. Após cerrado interrogatório, procedeu a experiências com resultados positivos. Objetos, cartas, livros foram trazidos à prova. O médico não dissimulava o enorme assombro.

Homem do trabalho e de horas contadas, o velho operário resolveu intervir e perguntou, respeitoso:

— Doutor, que me diz o senhor? Que conselhos nos dá para o caso?

O profissional coçou o queixo e falou solene:

— Sem dúvida, estamos diante de um caso espantoso de criptestesia pragmática.

O cliente esboçou um gesto de timidez, como que a desculpar-se da própria ignorância, e aventurou:

— Não poderá o senhor fornecer-me esclarecimentos mais simples? Leio muito pouco, o trabalho não me dá folgas...

— Trata-se de manifestação metapsíquica.

O pobre homem, diante da complicada terminologia científica, mostrou-se algo desanimado e pediu licença para sair, a fim de trazer um amigo ao consultório. Valdemar, rapaz inteligente, versado no Espiritismo e empregado na farmácia próxima, ajudá-lo-ia a interpretar os pareceres médicos. Fora tão difícil conseguir ensejo para a consulta ao Dr. Matoso; tão elevado o seu preço, que o amoroso pai não hesitou. Não deveria perder a oportunidade. Precisava recolher as opiniões da Ciência. O ensejo era único.

Daí a minutos, regressava ao gabinete, com o amigo prestativo e diligente. O doutor compreendeu as preocupações paternais e passou a esclarecer o assunto com todas as cores científicas da respectiva técnica. Referiu-se aos investigadores do Psiquismo mundialmente consagrados; às experiências europeias; falou do ectoplasma, do magnetismo, do subconsciente desconhecido, dos distúrbios orgânicos, rodando pela Neurologia, pela Fisiologia, pela Psicologia experimental.

Enquanto a jovem conservava uma expressão de idiotismo e o genitor esboçava gestos de justificável assombro, Valdemar aguardou a pausa do falastrão e ponderou com inteligência:

— Doutor, estou convencido de que o senhor tem suas razões; mas não concordará que estes fenômenos são tão velhos quanto o mundo? Não admite que o caso da pequena se resuma em simples manifestações de mediunidade?

— Ah! naturalmente deseja aludir às novas descobertas — ao sexto sentido — tornou o esculápio, como quem necessita fazer uma retificação indispensável.

— Sim, pode ser, referindo-nos à Ciência atual — esclareceu o rapaz serenamente —; todavia, há milhares de anos a Índia e o Egito conheciam os iniciados, os judeus reverenciavam os profetas. Há vinte séculos o mundo assistiu à iluminação do Pentecostes. Não concorda que todas essas manifestações sejam formas diversas da revelação espiritual, espalhando no mundo a luz de Deus?

— Ora — retrucou o metapsiquista contrafeito —, que motivo nos levaria a meter a Religião em problemas desta natureza?

E a palestra animou-se vivamente. Valdemar prosseguia tranquilo, enquanto o Dr. Matoso atingia o auge da exaltação. O primeiro defendia a lógica da fé raciocinada; o segundo acusava os espiritistas de beócios, doentes, histéricos, fanáticos.

Ao terminar a discussão, o velho retirou-se desalentado, levando a menina enferma e resolvido a contentar-se com o processo lento da cura, mediante as instruções evangélicas da água efluviada e dos passes ao alcance da família, no grupo dos vizinhos.

Tal ocorrência constituía, porém, pequenina amostra do investigador renitente. O Dr. Matoso não saía nunca dos seus domínios de experimentador. Visitava núcleos doutrinários, atormentava os médiuns; fazia questão de exibir o cartaz de inimigo declarado de todas as expressões religiosas. Afirmando-se discípulo de Richet,[4] adotava a dúvida com atitude preceitual. Em qualquer observação, preocupava-o a possibilidade da fraude e, fosse onde fosse, preferia comentar a exploração grosseira, o charlatanismo, a má-fé. A sociedade o conceituava entre as grandes inteligências do meio e ninguém lhe negava títulos de competência. Entretanto, à força de contato com os detalhes anatômicos, ele enrijara as fibras emotivas. Mero caçador de fenômenos, tratava as mais belas sugestões da Espiritualidade à maneira de fatos banais, sem maior significação. Não suportava as reuniões nas quais se fizessem rogativas a Deus, e aos companheiros de índole religiosa preferia os amigos levianos, prontos ao comentário científico, entre um sorriso de mulher sem escrúpulos e um trago de vinho capitoso.

Nada obstante, em todos os acontecimentos os homens dispõem o jogo da vida, mas Deus é que distribui as cartas. Ninguém vive sem contas, indefinidamente. Chegou, afinal, o dia em que o Dr. Matoso foi compelido a recolher a bagagem material ao cofre vasto da Terra, entrando em nova modalidade de existência. Achava-se, porém, atônito, estarrecido. Em vez de experimentar, sentia-se agora objeto de observação, por parte de gigantes ocultos e intangíveis. Ele que tanto falara de ectoplasma e subconsciente, via formas indescritíveis, completamente estranhas às suas tabelas de classificação. Aqueles fantasmas que despertavam tamanho sensacionalismo nas sessões de materialização passavam-lhe ao lado, sorridentes e tranquilos, sem lhe dispensarem a mínima atenção. Estaria louco? Que forças

---

[4] N.E.: Charles Richet (1850–1935), médico fisiologista francês, metapsiquista, também era aviador e escritor.

misteriosas o haveriam arrebatado àquela região sombria e desconhecida? Perseguira materiais de observação durante a existência inteira, dilacerara instrumentos da verdade, procurara fraudes e proclamara desafios e, agora, ali, sem qualquer intermediário, verificava ele próprio a multiformidade de revelações da vida. Tentava manter a atitude do experimentador que dispensa a cooperação religiosa, mas os reinos psíquicos multiplicavam-se, os materiais novos excediam a qualquer possibilidade de exame. Sozinho, sem o estímulo de companheiros com quem pudesse trocar impressões, o antigo investigador experimentou enorme cansaço. Ele, que sempre fora avesso a orações andava desejoso de recolher-se ao mundo íntimo, a fim de solicitar a contribuição do Mais Alto. No fundo, admitia que semelhante atitude representava capitulação; entretanto, a seu ver, não rogaria à maneira de outros crentes. Formularia simplesmente um pedido de auxílio; mas... a quem? Na secura das experimentações do mundo, jamais cultivara afeições quaisquer. Agravando-se-lhe, porém, as necessidades no meio de situações que não conseguia definir nem compreender, sentiu-se fraco e implorou a Deus lhe concedesse luz para os enigmas que o cercavam. Não demorou muito e um orientador generoso fez-se visível, atendendo a súplica:

— Amorável benfeitor — solicitou humilhado —, por quem sois, não me negueis mão amiga no labirinto em que me encontro.

— Escuta, Matoso — respondeu o interlocutor com intimidade —, que fizeste de tanto material precioso concedido à tua alma no mundo?

— A Ciência transformou-me num investigador inconsciente — explicou, evidenciando grande embaraço.

— Não desejo saber que títulos gratuitos te proporcionou a Ciência convencionalista, e sim o que fizeste da cultura enorme, e como usaste os patrimônios vultosos que te foram conferidos na Terra.

O interpelado impressionou-se com a profunda observação e, ganhando alguma coragem, relacionou as antigas inquietações, aludindo aos grandes cientistas do século e às rigorosas preocupações que adotara pessoalmente nas pesquisas efetuadas. Ao termo da longa exposição, o orientador espiritual falou, bondosamente:

— Falas de Crookes,[5] de Flournoy,[6] de De Rochas,[7] de Lombroso,[8] de Richet, mas esqueces que precisas de construção própria. Tanto vacilaste no planeta, que terminaste a última experiência duvidando de ti mesmo. Quando procuravas ansiosamente a fraude nos outros, não vias que fraudavas a própria alma. Desafiaste médiuns e trabalhadores; entretanto, não atendeste aos desafios que a luta nobre te facultou em cada dia terreno.

— Não, não é bem isto — contestou Dupont, buscando justificar-se —, o que nunca pude tolerar foi a manifestação religiosa.

— Por quê? Detestavas a Religião, malsinavas a prece, zombavas da fé; contudo, em que lugar do Universo a vida não é ato religioso? Considerando-se o laço imperecível que une o Criador às criaturas e às coisas do caminho evolutivo, tudo é permuta e atividade divina. O sapo coaxando no pântano, a estrela enfeitando o céu no deserto, o diamante oculto nas pedras abandonadas não estão à procura de admiração humana, mas de identificação com a Divindade. Anotaste, pesaste, classificaste como simples

---

[5] N.E.: William Crookes (1832–1919) célere físico inglês e profundo investigador dos fenômenos espíritas, por intermédio da médium Florence Cook, e do Espírito Kate King (1872), publicou *Fatos espíritas* (1874).

[6] N.E.: Théodore Flournoy (1854–1920), nasceu em Genebra. Foi médico e professor de Filosofia e Psicologia na Universidade de Genebra, autor de vasta obra sobre Espiritismo e fenômenos psíquicos.

[7] N.E.: Albert de Rochas (1837–1914), engenheiro militar, historiador e pesquisador dos fenômenos psíquicos.

[8] N.E.: Cesare Lombroso (1835–1909), criminalista italiano, fundador da antropologia criminal. Combateu com persistência a possibilidade dos fatos espíritas e fez diversas experiências por meio dos médiuns, como Eusapia Palladino. Depois de diversas investigações e experimentações se rendeu e, em 1909, publicou um livro sobre os fenômenos.

escravo da estatística, porque a cultura espiritual não se constitui apenas de terminologia técnica. A cor é aspecto, nunca o objeto em si mesmo. É incontestável que sabedoria e amor representam as asas sem as quais é impossível ascender aos cumes da perfeição eterna; mas sabedoria não significa cristalização no círculo individual, antes é penetração no país infinito da Verdade Divina, cuja luz palpita no maravilhoso plano de unidade, por intermédio de todos os seres. Não te detenhas no exterior. Busca o teu mundo de belezas ignoradas e observa a ti mesmo. Meu amigo, meu amigo, Deus é Amor, Vida, Suprema Luz!...

Nesse momento, o benfeitor desapareceu numa torrente de claridades infindas. Sem explicar o que se passara, Dupont achou-se de joelhos, face lavada em lágrimas abundantes. O cérebro febril banhava-se em energias desconhecidas. Pela primeira vez, sentia a grandeza divina e parecia constituir, ele próprio, harmoniosa nota de amor no cântico universal. Por quanto tempo demorou em adoração indefinível? Não poderia responder.

Quando, porém, examinou a necessidade de integração no trabalho redentor, uma voz carinhosa e familiar lhe timbrou brandamente aos ouvidos:

— Vamos, meu filho! O Pai jamais regateia a oportunidade de retificação e serviço. Voltemos para o mundo. Tu que observaste tanto os semelhantes, sem finalidade justa, regressarás agora a fim de seres observado.

11
O apelo inesperado

— Espero nos ajude a vencer tão grande obstáculo — dizia uma inquieta senhora a Firmino. — Sua cooperação fraternal é a minha última esperança. Minha filha precisa de conselhos urgentes.

— Quem sabe estará a pobrezinha perseguida de algozes das trevas? — lembrava o interlocutor sorridente. — Conheço casos dessa natureza, em que tudo não passava de simples influenciação de elementos inferiores.

— Estou disso convencida, não tenho mesmo qualquer dúvida. A menina sempre pautou seus atos pelo sincero desejo de acertar. Nunca desprezou o trabalho, nunca deu mostras de rebeldia. Agora, entretanto, parece obcecada por pensamentos indignos.

— Hoje mesmo solucionaremos o assunto — asseverava o doutrinador prestativo —, irei a sua casa, logo à noite; fique tranquila. Esses maninhos da sombra preparam ciladas a torto e a direito, mas havemos de vencer o mal, dirigindo energias para o bem.

Enquanto a senhora se despedia evidenciando gestos desordenados de inquietude, outro cliente assomava à porta, requisitando orientação.

— Firmino — exclamava atencioso —, a situação de minha mulher continua desesperadora. Tenho a impressão de que ela permanece insensível a qualquer advertência. A obsessão empolga-lhe o sistema nervoso de maneira absoluta. Ainda ontem, vi-me em situação vexatória, na Polícia, devido a sérias denúncias de vizinhos. Até quando suportarei este martírio doméstico, meu bom amigo? Não poderia você ir até a nossa casa, a fim de ministrar algum esclarecimento?

O interpelado inclinou a fronte em sinal de assentimento e acrescentou:

— Poderemos fazer, à noite, alguma doutrinação. Espere-me depois de onze horas.

Mal não se havia retirado o esposo aflito, um velho batia à porta, em companhia de um rapaz renitente e preguiçoso. Admitido no interior, começou a desfiar o longo rosário de queixas comuns.

— Este meu filho, Sr. Firmino, de há muito vem sendo perseguido por entidades perturbadoras. Ninguém mo disse; mas não se engana o meu coração de pai. A princípio, recorremos à Medicina, gastei o que pude, batendo a consultórios e farmácias; todavia, não colhi qualquer resultado animador. O rapaz continua fazendo loucuras sobre loucuras. Disseram-me que o senhor dá conselhos como ninguém e venho apelar para a sua caridade. Por favor, veja se nos pode prodigalizar o benefício de uma orientação.

O jovem mirava os interlocutores de soslaio, dando a entender mais peraltice que demência; entretanto, o conselheiro, em vez de receitar-lhe um susto adequado, começou a dizer levianamente:

— É incontestável. O pobrezinho está obsidiado. Não é de estranhar, visto que as influências maléficas povoam todos os lugares deste mundo.

E rematava, imprudente, após longa pausa:

— Você, meu filho, está envolvido nas perigosas malhas de perseguidores invisíveis, mas de amanhã em diante faremos serviços de auxílio a seu favor. Qualquer pessoa, nas suas condições, pode cometer os mais negros crimes. Não conhece os escândalos do noticiário comum? É a obra destruidora dos maus Espíritos. Assassínios, suicídios, erros, paixões resumem a perigosa atuação dos seres diabólicos das sombras.

O progenitor, embalado pela ideia de socorro gratuito, não ocultava a satisfação em largos sorrisos, enquanto o rapaz dissimulava gestos cínicos.

E era esse o feitio daquele ingênuo e bondoso Firmino da Conceição. Premido pelas contínuas solicitações, abandonara a atividade profissional, passando a viver a expensas das duas filhas, que definhavam nos trabalhos afanosos do bordado e da costura. Sempre vigilante no círculo das necessidades dos vizinhos e conhecidos, como que se habituara à desordem do próprio lar. Ambas as moças sentiam-se à frente da maré invencível. As remunerações incertas mal chegavam para as despesas inadiáveis. E a velha esposa, quando os cobradores rondavam a porta, aguardava o marido pacientemente, alegando em tom afável:

— Ora, Firmino, esta situação precisa modificar-se. Nossas filhinhas parecem cansadíssimas. E seu emprego? Você não esperava colocar-se este mês?

— Sim, sim, mas não podemos esquecer a tarefa. Os apelos são muitos e não posso desatender a essa boa gente que me procura. Imagine que, presentemente, estou a serviço espiritual para benefício de 22 famílias.

— Mas lembre-se igualmente de que é chefe desta casa e que não estamos isentos de responsabilidade familiar.

Notando que a dedicada companheira estava a ponto de irritar-se, o doutrinador afagava-lhe a fronte cismarenta e dava-se pressa em buscar meditações e leituras, acentuando:

— Deixe-se de ideias tolas. Perdeu então a fé em Deus?

Meses e anos corriam para o abismo do tempo e Firmino era sempre o mesmo homem, determinado a satisfazer pedidos importunos e extravagantes. Diariamente, entregava-se a demorados exercícios espirituais, a fim de multiplicar os valores positivos de sua doutrinação. Desenvolvera a visão psíquica. Agora, recebia apelos do visível e do invisível. Espíritos ociosos, ou inquietos, deste e do outro lado da vida, procuravam-no incessantemente. Vendo-se em tal situação, julgou-se dono de vastos poderes e a vaidade não demorou a surgir como escalracho invasor. O nosso homem não admitia orientação estranha, no seu modo de interpretar, e julgava-se detentor de dons infalíveis.

Chegou, porém, a ocasião de ser abalado nas convicções profundas. Quando a família esgotava o enorme cálice de sofrimento, eis que uma noite, feita a oração habitual, Firmino é visitado por entidade desconhecida. Auréolas de luz cercavam-na inteiramente. Estampando amoroso sorriso, aproximou-se do velho doutrinador que se ajoelhara, e falou com bondade:

— Venho da parte de Jesus fazer-te um apelo.

Firmino, quase em êxtase, parecia esmagado de júbilo. Solicitação do Cristo?! Que não faria por atender imediatamente? Desde muitos anos, empregava as menores possibilidades na solução dos problemas alheios. Certo, Jesus premiava-lhe a boa vontade, designando-lhe nova tarefa. Enquanto essas reflexões lhe vagavam na mente, o sábio mensageiro continuou:

— Trata-se de pessoa que requer auxílio urgente; alguém que precisa do teu interesse efetivo e desvelada atenção. Não te negues a cooperar, meu amigo. Essa criatura guarda a melhor intenção nos serviços comuns, mas, há muito tempo, internou-se pelos abismos da incompreensão. Jesus, porém, observa os discípulos generosos e sinceros, e jamais lhes faltará socorro celeste. O teu concurso é, todavia, indispensável. Esse irmão bem-amado permanece em perigo. Ervas daninhas lhe cresceram no campo espiritual, ameaçando as flores da esperança e os frutos da verdade. Viajor descuidado, apesar de bondoso, numerosas sereias tentam encantá-lo. O pobrezinho começou a dormir, mas é preciso arrancá-lo do sono. Ainda que seja necessário, submete--o a disciplinas, acorda-o a golpes de força, dada a hipótese de necessidade premente. Não o deixes a meio da estrada, longe de si mesmo. Jesus confia em ti. Dize-lhe que o Mestre não deseja ver os seus serviços fraternos sujeitos a solução de continuidade, e sim que, acima de tudo, conserve o trabalho da própria iluminação. Não se interrompa a atividade carinhosa do irmão, mas não se olvide, tampouco, a realidade do homem. Ensina-o a respeitar a beneficência de Deus, a clarear os próprios horizontes e a estruturar a personalidade do discípulo perfeito em si mesmo, a fim de que socorra os necessitados com as medidas da justiça e do amor. Jesus dissemina a caridade, todos os dias, nos mais ínfimos recantos do globo, e espera que cada habitante do mundo lhe dissemine os dons sublimes; entretanto, essa caridade constrói, retifica, educa, eleva e redime. A bondade não endossa a preguiça, nem suprime o valor da necessidade de luta, na evolução das almas. Vai, meu amigo, ainda é tempo. Corrige, amando, a quem adormeceu inadvertidamente na estrada tentadora.

O interpelado guardava profunda impressão. Debalde tentava localizar o necessitado nos escaninhos do pensamento. A quem se referia o emissário solícito? Algum dos obsidiados em estudo? Habituado a fixar o exterior, lembrou repentinamente o irmão de nome Donato, que nascera sob o mesmo teto, velho companheiro de trabalho terrestre, o qual, apesar de bondoso, nunca lhe aceitara os conselhos e pontos de vista.

Penetrando-lhe a ideia recôndita, falou ainda o mensageiro:

— Refiro-me à única pessoa a quem deves e podes impor a necessária reforma espiritual, mesmo à custa de ásperas disciplinas...

O doutrinador ergueu os olhos preocupados e interrogou:

— Trata-se do mano Donato?

A entidade lúcida sorriu, entre a compaixão e a serenidade, e, como quem necessita atirar o golpe a descoberto, depois de esgotados os recursos da delicadeza fraternal, acentuou com firmeza:

— Não, Firmino; ainda uma vez estás equivocado; a pessoa necessitada a que aludi és tu mesmo. O apelo de Jesus refere-se a ti.

~ 12 ~
A cura complexa

Aquele lar fundamentado em bases sólidas de amor e trabalho, desde algum tempo parecia invadido por tempestades incessantes de dor.

Feliciano Azevedo, na idade madura, era iniciado nos mistérios da lágrima, envolvido em terríveis tormentas de desventura. A filha amorosa, que resumia as esperanças paternas, perdera o equilíbrio mental logo após um curso escolar brilhante, assim anulando alegres expectativas familiares. A esposa sensível baixara ao hospital, com a saúde abalada para sempre.

Desarvorado, qual viajante cujo barco vai impelido pelas ondas revoltas, antevendo os momentos do naufrágio cruel, Feliciano agarrava-se à fé em Deus, em supremo desespero do coração. As economias fartas de outro tempo dissiparam-se em poucos meses. Agora, dividia as horas entre o hospital e o manicômio. Os empréstimos asfixiavam-no. Quando a situação assumia aspectos ainda mais graves, eis que surge inesperadamente um amigo, aconselhando:

— Ora, Feliciano, por que não tenta o Espiritismo? É possível que o caso da jovem seja simples obsessão. Os benfeitores do Além, quando podem, costumam ligar-nos o coração ignorante com a Fonte Infinita das bênçãos. Experimente...

Feliciano ponderou a advertência amiga e deliberou atender sem delongas. Na noite desse mesmo dia, foi à casa da família Macedo, que mantinha um grupo espiritista muito íntimo.

Recebido com muita simpatia, pela sinceridade de suas expressões, ouviu por intermédio de jovem sensitiva a palavra de prestativo amigo da Espiritualidade, que lhe falou mais ou menos nestes termos:

— Meu irmão, não olvides a coragem para o êxito necessário. A passagem pela Terra pode ser um aprendizado angustioso, mas é parte de nossa marcha para a sabedoria infinita. No curso dos maiores infortúnios, lembra que Deus é Pai Bondoso e Justo. O caso da tua filhinha procede de tenaz perseguição, do Plano Invisível. Irmão nosso, perturbado e cego, há lançado amarguras na tua estrada dos tempos que correm. Não desesperes, porém. É razoável que a Justiça trabalhe, enquanto houver necessidade de reparações. Contribuiremos para que se aclarem os horizontes. Esforça-te, pois, conosco, atendendo à Providência Divina.

Aquelas palavras, pronunciadas com imensa ternura, lhe balsamizaram o coração entristecido. Tinha a impressão de que imergia o espírito sequioso em fonte cristalina, ardentemente esperada no deserto da sua angústia. Os amigos presentes incumbiram-se de lhe consolidar as esperanças. O chefe da casa relatou difícil experiência doméstica, em que se valera do socorro espiritista. Cada companheiro trouxe à baila o seu caso pessoal, revelando a excelência do auxílio, oriundo das mãos intangíveis dos desencarnados.

Feliciano exultava. Pela primeira vez, depois de longos e laboriosos tempos de luta, dormiu sossegadamente, empolgado por singulares pensamentos de paz.

Os Macedos, aliando-se à boa vontade de outros irmãos, começaram a prolongada série de reuniões íntimas, destinadas ao esclarecimento do infortunado obsessor, consagrando, neste mister, as suas melhores energias. Três vezes por semana reuniam-se os benfeitores encarnados. O pai e esposo aflito mantinha-se firme na sua fé, presente a todos os trabalhos. O irmão perturbado, mal se pronunciava a prece inicial, incorporava-se prestemente, apossando-se por completo do aparelho mediúnico. Bertoldo, o diretor da reduzida assembleia, falava-lhe com sincera dedicação fraternal e, contudo, o infeliz parecia aferrado a sinistros propósitos.

— Este homem é um criminoso — apontava o Feliciano, com sarcasmo —, em outro tempo destruiu-me o lar, escarnecendo das minhas sagradas aspirações familiares. Companheiro desleal e ingrato, esqueceu a mão amiga que o erguera da miserável condição de servo ínfimo!...

E com lágrimas de ódio continuava, depois de mordentes acusações:

— Malvado!... Monstro! Seguirei no teu encalço, onde quer que te escondas!...

— Mas, meu irmão — replicava o orientador, bondosamente —, quem de nós outros estará sem erros? Todos procedemos de um passado sombrio e delituoso. Na longa jornada, por trás de nossos passos, há rios de lama e sangue, que precisamos purificar com a tolerância recíproca. Comecemos novo dia de fraternidade. Deus, que é Pai e Senhor Supremo do Universo, renova incessantemente as nossas oportunidades de serviço e edificação. Se Deus atende, assim, que razão nos assiste para eternizar a vingança nos caminhos da vida? Esquece o mal, meu amigo. Contempla o nosso Feliciano humilhado, torturado, vencido!... Não te doerá vê-lo assim, de cabelos nevados prematuramente? Que prazer poderás sentir martirizando uma pobre mãe no hospital e uma criança no manicômio? Sejam quais forem as tuas mágoas de existências anteriores, olvida o mal e perdoa...

O diretor amorável dizia essas palavras, de olhos molhados, convencido de que esclarecer não é ordenar, e que doutrinar não significa impor violentamente. Aquele generoso Bertoldo não ignorava a extensão das misérias, nas experiências humanas, sabia conjugar os próprios conhecimentos, ofertando-os ao próximo como ramilhetes de flores luminosas. O perseguidor chorava, entre o ódio e o desespero, e a reunião terminava sempre num mar de emoções reconfortantes e profundos ensinamentos, porque os companheiros ali se uniam, antes de tudo, nos elos cariciosos da humildade e do amor. Ao fim de alguns meses, o infeliz cedia terreno, demonstrando-se transformado à luz do Evangelho do Cristo, não pelas palavras ouvidas, mas pela vibração do sentimento coletivo.

Em breve, a esposa e a filha, convalescentes, regressavam ao ambiente doméstico. A pequena família não podia traduzir o intenso júbilo. Trazidas igualmente aos trabalhos espirituais, mãe e filha pareciam banhadas por ondas reconfortantes de energia nova. O antigo obsessor convertera-se em benfeitor solícito. A tranquilidade agora revelava maravilhoso conteúdo de fé e alegria.

Decorridos seis meses sobre a nova situação, eis que o lar de Feliciano parece envolvido em novas tormentas. A precariedade de recursos financeiros levara o chefe da casa a experimentar diversos labores sem resultados favoráveis. Todos os objetos valiosos foram levados às casas de penhor e, por fim, após difícil experiência numa oficina de acessórios, Feliciano cai no leito, desolado e paralítico. Em vão, recorre a filha a relações prestigiosas, em busca de colocação condigna. Todas as portas se apresentam impenetráveis. Nos concursos a que compareceu, esperançosa, era invariavelmente malclassificada. Diariamente, à noitinha, voltava a casa, desanimada, pernas trôpegas e olhos inchados de chorar. Enquanto isso, a genitora precisava agarrar-se à máquina de costura, para que lhes não faltasse o pão cotidiano.

A pequena família começou a peregrinar de rua em rua, pela carência de dinheiro com que pagar o aluguel da casa.

A esse tempo, Feliciano voltou ao país sombrio do desespero. Os generosos irmãos na fé buscavam-lhe a companhia, semanalmente, reunindo-se em preces, no seu aposento de dor. Por maior que fosse, porém, o carinho fraterno, o enfermo não mais se livrou de angustioso abatimento. Os pensamentos lhe erravam pesadamente da queixa incessante para o desalento sem limites. Por que motivo lhe fora reservado um cálice tão amargo? Não aceitara a fé? Não se esclarecera o obsessor terrível? Assim se mantinha ele mergulhado num mar de inquirições dolorosas.

Após dois anos pesados de infortúnio, valeu-se do momento em que se reuniam os amigos, no quarto estreito, para indagar ao sábio instrutor espiritual a causa dos longos padecimentos. O benfeitor invisível, procedendo delicadamente, à maneira de alguém que, embora percebendo uma ferida, não lhe acusa a existência, esclareceu com intimidade e doçura.

— Não percas a coragem, meu amigo. A fonte das bênçãos divinas não estanca a distribuição dos benefícios. Resigna-te na dor, como quem lhe conhece as utilidades sublimes. O catre do sofrimento é um barco de salvação, nas tempestades do mundo, para o crente identificado com a própria fé. Usa a provação como termômetro da confiança em Deus e não desanimes!...

O doente estava comovido, mas insatisfeito. Incapaz de perceber a sutileza fraternal do comunicante, voltou a considerar:

— Agradeço as vossas palavras confortadoras, mas não me posso furtar a dúvidas amargosas. Não era o sofrimento de minha família um simples caso de obsessão? Não trabalhamos, meses a fio, a fim de esclarecer o irmão perturbado? Não se tornou ele nosso amigo e colaborador? Todavia, tenho mesmo a impressão de que nossos tormentos se agravaram pesadamente. Minha mulher saiu do hospital para internar-se na miséria mais dura; minha filha regressou do hospício para transformar-se em pedinte sem esperança...

Engasgado de pranto, fez longa pausa e continuou a dizer:

— Como chegar a uma conclusão aceitável? Não estamos curados da obsessão, meu amigo?

O benfeitor espiritual, incorporado na jovem médium, levantou-se e, denunciando a imensa sabedoria que lhe brilhava na alma, acentuou depois de afagar o doente com um gesto de amor:

— Feliciano, é verdade que tens sofrido muito, mas não esqueças que os amigos encarnados e desencarnados te ofereceram andaimes; as dificuldades e padecimentos te proporcionaram pedras; a fé carreou cimento divino para o teu coração, entretanto, a construção é tua. Nunca reclames ante a Justiça de Deus, porque, se estás curado da obsessão, ainda não saldaste as próprias dívidas.

Foi então que o enfermo revelou novo brilho no olhar e, enquanto os companheiros choravam de alegria com o profundo ensinamento, Feliciano Azevedo beijou a mão que o sábio mentor lhe oferecia, e baixou humildemente a cabeça.

~ 13 ~
O trabalhador fracassado

Na paisagem de luz, antes da imersão nos fluidos terrestres, Efraim recebia as últimas recomendações do guia venerável:
— Vai, meu filho. Seja a próxima experiência na Terra uma estação nova de trabalho construtivo. Recorda que és portador de nobre mensagem. A tarefa a que te propões é das mais edificantes. Distribuirás o pão do conforto espiritual, no esforço de amor em que te inspiras. Não olvides que energias diversas se conjugarão no mundo, para distrair-te a atenção dos objetivos traçados. É indispensável que te fortaleças na confiança em Deus, em todos os momentos da vida humana. Cada homem permanece no planeta com a lembrança viva dos compromissos assumidos, revelando singularidades que a ciência das criaturas considera vocações espontâneas. A luta começa na infância, porque raros pais, na Terra, estão aptos a orientar conscientemente os filhos confiados à sua guarda. Resiste, porém, e aprende a conservar tuas energias nos altiplanos da fé. Lembra a tarefa santificante, cometida ao teu esforço, e não escutes vozes tentadoras, nem desfaleças

ante os tropeços naturais, que se amontoam nos caminhos da redenção. Há operários que, embora possuídos de belas intenções, estacionam inadvertidamente, por darem ouvidos aos enigmas que o mundo inferior lhes propõe em cada dia. Segue na estrada luminosa do bem, de olhar fixo no trabalho conferido às tuas mãos. Não olvides que Deus ajuda sempre; mas, nem por isso, poderás prescindir do próprio esforço em auxílio de ti mesmo.

O candidato à nobre missão, reconhecido e feliz, osculou as mãos do benfeitor e partiu. A esperança lhe acariciava os sentimentos mais puros. Não cabia em si de contentamento, pois recebera a formosa tarefa de repartir esclarecimentos e consolação entre os sofredores da Terra. Com que enlevo e satisfação lhes falaria das Verdades Sublimes de Deus! Mostraria a função aperfeiçoadora do sofrimento, enaltecendo o serviço construtivo da dor. Enquanto fornecesse testemunhos de fé na redenção própria, exemplificando no esforço dos homens de bem, reuniria materiais divinos para melhor atender ao imperativo do trabalho conferido à sua responsabilidade individual.

Todavia, consoante as observações ministradas pelo mentor compassivo e sábio, o trabalhador encontrou as primeiras dificuldades no próprio lar a que foi conduzido pelas teias de carinhosa atração. Ao passo que os amigos da esfera invisível buscavam multiplicar-lhe as noções de ordem superior na recapitulação do período infantil, os progenitores inutilizavam diariamente o serviço espiritual, com a ternura viciosa e imprudente. Na libertação parcial do sono, Efraim era advertido pelos amigos do caminho eterno, a respeito da preparação necessária, mas logo que regressava à vigília, no corpinho tenro, a mamãe o tratava como bebê destinado às guirlandas de uma festa inútil; e o pai, voltando da repartição, preocupava-se em aumentar entretenimentos e frioleiras. Assim, a criança aprendia os nomes e gestos da gíria, acostumava-se a repetir as expressões menos dignas, a atacar com as mãozinhas cerradas, a insultar por brinquedo.

Quase reduzido à condição de papagaio interessante e voluntarioso, foi instado pelos amigos da Esfera Invisível a reconsiderar as obrigações assumidas. Entretanto, quando falava dos sonhos que o visitavam durante a noite, a mãezinha ralhava descontente: "É pura imaginação, meu filho! Vives impressionado com as histórias da carochinha". O pai ajuntava de pronto: "Esquece os sonhos, Efraim, lembra que o mundo sempre pediu homens práticos".

O rapazelho daí por diante começou a dispensar menos atenção ao plano intuitivo. No fundo, porém, não conseguia trair as tendências próprias. Dedicava inexcedível carinho aos livros de sabor espiritual, no qual a elevação de sentimentos constituísse tema vitorioso. Exaltava-se facilmente no exame dos problemas da Religião, como se quisesse, resistindo às incompreensões domésticas, desferir os primeiros voos. No íntimo, adivinhava a realidade das obrigações que lhe competiam, mas a ternura excessiva dos pais contribuía a favor da preguiça e da agressividade. Onde Deus atirava sementes divinas, os responsáveis humanos cultivavam heras sufocantes.

No colégio, Efraim não era mau companheiro; os genitores, porém, desenvolviam tamanho esforço por destacar-lhe a condição, que, em breve, a vaidade sobressaía como estranha excrescência na sua personalidade.

E a experiência humana continuou, marcando o conflito entre a vocação do trabalhador e o obstáculo incessante do mundo. O Plano Invisível buscava insistentemente conduzi-lo ao clima espiritual adequado às realizações em perspectiva.

Enquanto na Igreja Católica Romana o rapaz não encontrava senão motivos para acusações e xingamentos; transportado ao ambiente do culto protestante, apenas fixava expressões humanas, esquecido das substâncias divinas. Intimamente, Efraim experimentava aquela necessidade de instruir e consolar as almas. Às vezes, não conseguia sopitar os impulsos e desabafava em longas conversações com os amigos. Guardando, porém, os títulos acadêmicos em vez de usá-los como forças ascensionais para um conhecimento superior, convertia-os em entulhos lastimáveis, mantendo futilidades pouco dignas. Embalde a Esfera Espiritual o convidava à luta enobrecedora, em profundos apelos do pensamento.

Agora, casado e fundamente modificado pelas circunstâncias, Efraim parecia impermeável aos conselhos diretos e indiretos.

Enfim, depois de costear o continente infinito da Revelação Divina em diversas modalidades, foi dar às praias ricas do Espiritismo Cristão. Estava deslumbrado. A fé lhe revelava perfumes ignotos ao coração, semelhando-se a olorosa flor de mata virgem. Experimentou imediatamente a certeza de haver encontrado o lugar próprio. Ali, certamente, desenvolveria o plano construtivo de que lhe falava a intuição nos recessos do espírito. Esqueceu, no entanto, que o trabalho é fruto do esforço e que todo operário precisa improvisar ou manejar ferramentas. Com dois anos de observação, ele, que se habituara à ociosidade, recolhia-se ao desalento. Queixava-se de tudo e de todos. Tinha a convicção de que necessitava edificar alguma coisa em benefício dos semelhantes, mas não se conformava com os obstáculos.

Quando um dos velhos amigos vinha convidá-lo ao serviço espiritual, replicava enfaticamente:

— Ora, "seu" Cunha, quem poderá destrinçar essa meada de médiuns charlatães e exploradores sem consciência?! Francamente, sinto-me cansado...

Depois que o visitante encarecia as excelências da cooperação e a necessidade do testemunho, Efraim exclamava desanimado:

— Não posso ocupar-me com ficções nem partilhar dessa batalha invencível.

Os amigos da vida real são, contudo, infatigáveis na esperança e no otimismo; para que o trabalhador encontrasse concurso fraterno, formou-se repentinamente um grupo mais íntimo, na vizinhança de sua residência, onde reduzido número de companheiros se propunham estudar os problemas de autoaperfeiçoamento, colimando elevados serviços no futuro. Efraim prometia cooperar na tarefa, mas em vão o chamavam ao esforço diariamente. Estava sempre solícito na indicação dos tropeços, mas nunca resoluto na execução da própria tarefa. Cada dia, apresentava uma desculpa aparentemente mais justa, a fim de justificar a ausência no trabalho. Para ele a chuva estava sempre gelada e o calor sufocante; os resfriados chamavam-se amigdalites, bronquites, febres, dispneias; os desarranjos do estômago classificavam-se como hepatites, estreitamentos e gastralgias. A mente viciada exagerava todos os sintomas. Quando assim não era, aludia às contrariedades com o chefe de serviço no instituto em que lecionava, referia-se às enxaquecas da esposa, dizia das enfermidades naturais dos filhinhos em desenvolvimento. A hora, a situação ocasional, o estado físico e a condição atmosférica eram fatores a que recorria invariavelmente por fugir à contribuição fraternal.

Por fim, embora experimentasse o desejo sagrado de realizar a tarefa, chegou ao insulamento quase completo, num misto de tristeza e ociosidade.

Foi nessa estação de amargura que a morte do corpo o requisitou para experiências novas.

Durante anos dolorosos, Efraim errou sem destino, qual ave desesperada da sombra, até que um dia, esgotado o cálice dos remorsos mais acerbos, conseguiu ouvir o antigo mentor, após angustiosas súplicas:

— Meu filho, não te queixes senão de ti mesmo. O Dono da Vinha jamais esqueceu os trabalhadores. Materiais, ferramentas, possibilidades, talentos, oportunidades, tudo foi colocado pela bondade do Senhor em teus caminhos. Preferiste, porém, fixar os obstáculos, desatendendo a tarefa. Reparaste o mau tempo, a circunstância adversa, o tropeço material, a perturbação física e, assim, nunca prestaste maior atenção ao serviço real que te levara ao planeta. Esqueceste que o trabalho da realização divina oferece compensações e tônicos que lhe são peculiares, independentemente dos convencionalismos do mundo exterior. O Senhor não precisa de operários que passem o tempo a relacionar óbices, pedras, espinhos, dificuldades e confusões, e sim daqueles que cooperem fielmente na edificação eterna, sem interpelações descabidas, desde as atividades mais simples às mais complexas. Enquanto olhavas o chão duro, a enxada enferrujou-se e o dia passou. Choras? O arrependimento é bendito, mas não remedeia a dilação. Continua retificando os desvios da atividade mental e aguarda o futuro infinito. Deus não faltará, jamais, à boa vontade sincera!

— E quando poderei voltar à Terra, a fim de renovar meus esforços? — perguntou Efraim soluçando.

O benfeitor demorou a responder, esclarecendo finalmente:

— Por agora, meu filho, não posso precisar a ocasião exata. Todo trabalho edificante, em suas expressões diferentes, tem órgãos orientadores, executivos e cooperativos. Ninguém pode iludir a ordem na obra de Deus. Ante os novos caminhos tens largo tempo para amadurecer os arrependimentos sinceros, porque, somente aqui, nesta zona de serviço a que te subordinas presentemente, temos 200.527 candidatos ao trabalho de consolação e esclarecimento, no qual fracassaste no mundo. Como vês, não podes regressar à Terra antes deles.

~ 14 ~
Invocações diretas

Nos primeiros movimentos de intercâmbio com a Esfera Invisível, Casimiro Colaço experimentara sensações de indefinível inquietude. Aquelas comunicações com o Além assombravam-no. Povoavam-lhe a alma profundas indagações. Aquele novo mundo, que se lhe descortinava aos olhos, trazia maravilhosas incógnitas para cuja solução daria, de bom grado, todas as possibilidades terrestres. Casimiro não se contentava com as reuniões de experimentação mediúnica, num esforço metódico e gradativo. Embora o arraigado amor à família, vivia mentalmente muito distante dos deveres inadiáveis e justos. Viciado pela curiosidade doentia, esperava a noite com singular ansiedade. Ao regressar do estabelecimento bancário, após a luta do ganha-pão, trancava-se a sós no quarto, dilatando observações por catalogar conhecimentos novos, no vasto círculo de entidades espirituais. Longe de aceitar com proveito as manifestações espontâneas, preferia impor os próprios caprichos, perdendo-se em longas evocações diretas e ignorando sistematicamente se possuía credenciais ou merecimento para isso.

Entre as entidades que costumava invocar impertinentemente, contava-se um velho tio — o ex-sacerdote Leão Colaço, que partira do mundo anos antes. Padre inteligente e devotado ao bem coletivo, Leão convertera-se em ídolo dos parentes. Por isso mesmo o sobrinho, ao menor obstáculo utilizava a concentração, pedindo-lhe esclarecimentos. O ex-sacerdote era obrigado a abandonar trabalhos sérios, no plano de ação onde se localizava quase sempre, para solucionar espantosas futilidades. Decorrido algum tempo em que Leão se destacou pela paciência e o sobrinho pela leviandade, reconheceu o nobre emissário que a situação requeria outros rumos. Muito delicado, falou confidencialmente em mensagem carinhosa:

— Meu filho, nas relações com o Invisível, não queiras impor a vontade caprichosa, quando não identificas, ao certo, as próprias necessidades. Faze a prece, observa, medita e espera com paciência. A oração e o esforço mental, por si sós, valem imensamente, ainda mesmo que não recebas conselhos diretos dos amigos. Por que invocar violentamente os desencarnados, se não desconheces que também eles assumiram certas responsabilidades de serviço ante os desígnios de Deus? Por que insistir nominalmente no comparecimento de quem sofre ou de quem trabalha? Submetes o primeiro à dor da vergonha e ao segundo impões o pernicioso esquecimento do dever. Não recordas a lição de Jesus na prece dominical? O Mestre ensinou ao homem rogasse a Deus o cumprimento da Vontade Divina, assim na Terra como no Céu. Trabalha meu filho, e sê atento às obrigações próprias. Se não é justo pedir o aluno aos instrutores a necessária solução de problemas condizentes ao aprendizado em curso, também não é razoável abandone a criatura a possibilidade de novas luzes, recorrendo, nas ocorrências mais fúteis, à bondade daqueles que a seguem de mais alto. Organiza reuniões, continua observando os Planos Invisíveis, mas não olvides a espontaneidade. Se o irmão infeliz bate à tua porta, consola-o; se recebes a visita generosa de respeitável instrutor, pondera-lhe os conselhos e guarda-lhe a sabedoria. Aprende a interpretar os desígnios de Deus, no local de serviço ou testemunho onde te encontres, nas horas mais diversas. O trabalho divino sempre requisitou devotamento, mas dispensa a provocação, por desnecessária e inconveniente.

Casimiro leu e releu a mensagem e, contudo, continuou agindo com a mesma leviandade que o caracterizava antes dela. A qualquer frioleira, repetia o antigo estribilho:

— Chamemos o tio Leão Colaço e teremos a solução precisa.

Submergia-se a generosa entidade em verdadeiro mar de preocupações, atenta à confusão que se desdobrava, quando certo amigo lhe observou:

— Não te entregues a exagerada inquietação. Se o sobrinho vem buscar-te tantas vezes por semana, compelindo-te à dilação de serviços tão graves, por que não o invocas igualmente? Se é verdade que os companheiros do mundo podem chamar-nos, não desconhecemos a possibilidade de lhes retribuir no mesmo grau. Experimentando a inconveniência das invocações diretas, o Casimiro renovará as concepções sobre o assunto. E creio que uma vez será o bastante.

O ex-sacerdote aceitou o alvitre, evidenciando indisfarçável contentamento. Escolheu, por isso, a noite mais oportuna e, reunindo alguns companheiros, invocou o sobrinho de modo a lhe proporcionar excelente lição.

Enquanto se lhe enrijecia o organismo no leito, alarmando a família, Casimiro Colaço compareceu em Espírito ante a reduzida assembleia que o atraía intencionalmente. Revelava-se indisposto e perturbado, o mísero sentindo-se presa de inenarrável angústia. Em frente dos amigos espirituais, rojou-se de joelhos e exclamou em pranto amargo:

— Benfeitores amados, por quem sois, não me deixeis voltar por enquanto ao vosso plano, quando tenho filhinhos a esperar por mim!...

Após doloroso gemido, prosseguiu num véu de lágrimas:

— Ah!... quem me chamou aqui com tamanha insistência? Deixai-me regressar à Terra, por amor de Deus!

Aproximou-se então o bondoso tio e esclareceu:

— Sou eu quem te chama, Casimiro.

— Oh! sois vós, meu tio? Por quê? Desconheceis, porventura, a bagagem dos meus deveres? Tendes seguido carinhosamente meus passos e compreendeis, certamente, que me não posso furtar ao cumprimento de obrigações intransferíveis. Não me retenhais aqui por mais tempo!...

Depois de soluços convulsivos, rematava diante do ex-sacerdote que sorria bondoso:

— Afinal, por que me buscastes assim nesta violência terrível?

Colocou-lhe a entidade a mão paterna no ombro, evidenciando amorosa solicitude e respondeu:

— Chamei-te por amor e porque não devia desprezar o ensejo de entregar-te novos valores educativos. Aprende a considerar as situações alheias, meu filho! Também nós, aqui, temos deveres e trabalhos, responsabilidades e compromissos. Não somos figuras aéreas, catalogadas entre seres ociosos ou vagabundos. Já que percebeste o quanto dói a perturbação infligida ao homem no trabalho honesto e intransferível, não procures desorientar serviços de nossa esfera de ação, no qual colaboramos na estruturação espiritual de um mundo melhor. Tanto se pode invocar a entidade celeste quanto atrair a criatura terrestre, na mesma lei que rege o constante intercâmbio das almas. Não olvides, pois, estas preciosas verdades!

E, mergulhando o olhar penetrante no sobrinho angustiado, concluía:

— Voltarás, imediatamente, ao serviço que Deus te confia no mundo; entretanto, faze tudo por não esquecer a valiosa lição desta noite.

Em casa de Casimiro, todavia, observava-se o vaivém dos familiares alarmados. Durante quatro horas, permanecia o pobre rapaz no leito, pálido, ofegante, semimorto. Multiplicavam-se cataplasmas e injeções, sob o olhar atento do médico que o assistia. Quando o suposto enfermo revelou os primeiros sinais de melhora, o facultativo chamou em particular o velho progenitor de Casimiro e esclareceu, demonstrando justificada alegria:

— Felizmente o problema está resolvido.

— E que pensa o senhor? — interrogou o ancião aflito.

— Trata-se de caso para observar — retrucou o interpelado, confidencialmente —, aplicarei tratamento decisivo, pois a meu ver a moléstia tem todos os característicos de fenômeno epileptoide.

Mas Casimiro Colaço, daí a dois dias, estava refeito para o trabalho comum. E embora não recordasse o ensinamento senão na tela mágica de sonho maldefinido, jamais se atreveu a repetir invocações diretas e nominais, renunciando à imposição da vontade caprichosa em relação ao Plano Invisível.

~ 15 ~
A grande surpresa

Quem poderia definir a perturbação do desventurado Léo Marcondes, confinado em tenebroso círculo de angústia? Seria difícil relacionar-lhe as lágrimas e padecimentos. Comerciante abastado, no Rio de Janeiro, nos derradeiros anos do século XIX, não pudera furtar-se ao portal escuro do suicídio. Temperamento fogoso e personalista, nunca se acomodara ao benefício da fé religiosa e, atirando-se às teorias do materialismo demolidor, dera-se aos mais estranhos distúrbios ideológicos, como quem se perde na sombra, caminhando a esmo pela noite adentro. Sempre fizera questão de espalhar os princípios dissolventes. Em casa, na rua, nos cafés, tornara-se proverbial sua atitude iconoclasta e desrespeitosa. Saturado de conceitos dos filósofos pessimistas, destacava-se-lhe a palavra pelas afirmativas ingratas e impróprias, a respeito da Providência Divina. Longe de apreender nos escritores céticos, verdadeiros doentes intelectuais interessados em seduzir atenções alheias ao catre de ideias enfermiças, internava-se, sem maior exame, no cipoal das mentiras brilhantes. Ao seu ver, o mundo era vasta casa de miséria e trevas sem limites. À menor contradita, desmanchava-se ele em considerações amargas e venenosas:

— Valores na Terra? Onde o desgraçado que poderia manter a perigosa ilusão? Não tivessem qualquer dúvida. Se existisse um Criador — e acentuava essas palavras ironicamente — deveria ser expulso da Natureza. Que viam na Humanidade infeliz senão loucura, desolação e sombra impenetrável? Tudo caminhava para a morte, para a eterna extinção. Flores apodrecidas disfarçam os túmulos, que escarnecem da esperança mais pura. A carne moça era fantasia ocultando caveiras de amanhã, nos mais belos rostos. Vemos cadáveres em toda a parte. Raia o dia para transformar-se em noite; cresce a árvore por sepultar-se na terra, ou para queimar-se em terrível desolação. Que é nosso destino senão a cópia burlesca desses movimentos viciosos e destruidores? Que seria a alegria humana senão a luz frágil que se apaga no vendaval das trevas? E que seria a existência senão jornada angustiosa para o continente de cinzas sepulcrais?

Era inútil qualquer esforço por subtraí-lo de semelhante estado mental. Léo reduzira-se à condição de cego voluntário, segregado em sombras, apesar da alvorada permanente de luz. Desprevenido de socorro íntimo, em vista da situação de miséria moral a que se votara, num momento de excitação profunda cometeu incompreensível homicídio, eliminando antigo companheiro de infância. Dominado de cegueira fatal, não resistiu ao remorso incoercível e suicidou-se pouco tempo depois.

Anos amargosos e escuros abateram-se-lhe sobre o espírito desventurado. Embalde chamava familiares queridos, invocando auxílio espiritual. Tinha a impressão de neblinas geladas cercando-lhe o caminho, no meio de trevas indevassáveis, caindo... caindo sempre.

No círculo de angústias em que se via algemado, recordava a Terra, experimentando revolta infinita. Atribuía ao planeta a causa de todos os fracassos, a fonte de todas as amarguras.

Na sua desdita, jamais pôde, entretanto, esquecer a esposa, alma simples e generosa, inteiramente consagrada ao bem-estar dele, nos mínimos incidentes da jornada humana. Lembrava-lhe a figura humilde e meiga, com verdadeiros transportes de amor e reconhecimento. Essa recordação se convertera na única estrela a lhe brilhar no abismo de sombras indefiníveis.

Mais de cinquenta anos assim decorreram, de padecimentos incalculáveis, quando o mísero foi convocado a reorganizar caminhos, referentemente ao futuro.

Enfrentando o sábio instrutor que o atendia afetuoso, o infeliz exclamava, angustiado:

— Conscientemente, devo dizer que nunca fui homem perverso. A Terra, todavia, deprimiu-me e inutilizou minhas forças, com fatalidades tremendas e paisagens tenebrosas!...

— Cala-te, amigo! — observou a entidade generosa — a queixa no serviço divino nem sempre será rogativa honesta. Por vezes, não passa de manifestação de revolta ou indolência de nossa escassa compreensão do dever sagrado. Aqui estou para atender-te, à face do porvir.

— Abomino a Terra!... — soluçou o desventurado.

— Esclarece teus projetos quanto às oportunidades futuras. Não nos percamos em lamentos ou palavras ociosas.

Após meditar longos minutos, Léo interrogou hesitante:

— Magnânimo instrutor, poderei reencontrar a inolvidável companheira de luta?

— Por que não? Deus nunca nos fechou a porta da bondade infinita.

— Oh! — gemeu o infeliz, quase esmagado por um raio de júbilo — concedei-me a possibilidade de procurá-la no paraíso que terá merecido pela imensa virtude; dai-me a ventura de esquecer, por momentos, os quadros escuros da Terra, a fim de acariciar a ideia do reencontro... Em que estrela maravilhosa permanecerá minha santa?

O venerável orientador contemplou-o, benigno, e explicou intencionalmente:

— Tua companheira se encontra numa escola de Esperança.

— Ah! informai-me relativamente às grandezas dessa paragem sublime! Poderei penetrar-lhe as estradas formosas?

Depois de um gesto afirmativo, que o desventurado recebeu com transportes de alegria, continuou o bondoso mentor:

— Trata-se de primorosa região de Esperança, onde nosso Pai tudo preparou, facilitando a edificação das criaturas. Dias deslumbrantes enfeitam-lhe continentes e mares, repletos de vida sublime e vitoriosa. Árvores amigas lá estendem seus ramos pejados de frutos suculentos e saborosos. Água divina corre gratuitamente de mananciais cantantes, e na atmosfera embaladora a claridade e a melodia não encontram obstáculos... Lá se reveste a alma de fluidos adequados ao trabalho, qual operário a receber o traje de serviço, segundo as próprias necessidades, sem preocupação de retribuir a mão dadivosa e oculta que lhe concede o benefício. No aprendizado de todos os dias, ouvem-se risos infantis, observam-se esperanças da juventude, recebem-se bênçãos de anciãos coroados de alvinitentes lírios. São manifestações sagradas de companheiros que ali permanecem, prosseguindo na grande romagem para Deus, cada qual representando nota de amor e trabalho no cântico universal...

Em razão da pausa mais ou menos longa que o mentor interpusera nas considerações, Marcondes, enlevado, solicitou, a demonstrar novo brilho nos olhos:

— Falai, falai ainda desse plano prodigioso!...

— As noites nessa esfera — continuou o benfeitor — são cariciosas estações, destinadas à prece e ao repouso. Astros luminosos povoam o céu, chamando os Espíritos a meditações divinas. Constelações fulgurantes passam no infinito em sublime silêncio. Luzes brandas dão novo colorido às paisagens. Ainda há, por lá, pobres e sofredores, pois que se trata de uma escola de Esperança; ninguém, contudo, está abandonado por Deus, que manda distribuir as lições segundo as necessidades dos filhos bem-amados... Tudo ali é promessa de vida, caminhos de realização, oportunidades sacrossantas!...

— Benfeitor inesquecível — rogou Léo Marcondes, agora sem lágrimas —, poderei, ao menos, visitar esse Plano Divino?

— Não somente visitá-lo como também procurar a companheira, em seus caminhos, e unir-se novamente a ela, no trabalho de Deus, na elevação e resgate justo — esclareceu o instrutor, mostrando carinhoso sorriso.

O mísero não sabia traduzir o próprio júbilo.

Tomando-lhe a destra, o amigo espiritual guiou-o carinhosamente através de sombras e abismos. Daí a algum tempo, divisavam larga esfera que, embora sem claridade própria, se movimentava num oceano de luz. A essa altura, Marcondes prorrompeu em gritos de alegria:

— Salve planeta celeste, santuário de vida, celeiro das bênçãos de Deus!...

— Definiste com sabedoria — acrescentou o mentor sorridente.

Mais alguns minutos e penetraram numa cidade alegre e bulhenta. Observou o pobre Léo que o local não lhe era de todo desconhecido. Os morros, o casario, o mar identificavam a paisagem. Desapontado, hesitante, premiu a mão do generoso amigo e indagou:

— Será que estamos na Terra? Não é esta cidade o Rio de Janeiro?

— Justamente.

— Nunca observei antes tanta magnificência e beleza!...

— Eu bem o sabia — disse o mentor bondosamente —, mas é que nunca procuraste a escola de Esperança que o Pai oferece às criaturas neste plano. Escutaste os filósofos pessimistas, mas foste surdo aos cânticos da vida; observaste as letras envenenadas que embriagam o cérebro dos homens de teorias aviltantes, mas foste cego ao traço das charruas no solo. Porque preferias a indolência das almas rebeldes, o frio te incomodava, a chuva aborrecia, o calor sufocava, o trabalho constituía angústia constante. Em vez de localizar os próprios males, agradava-te identificar os males alheios. Voluntariamente encegueceido às lições diárias, tropeçaste no crime e na amargura; guardavas conceito irônico para o ignorante, repreensões ásperas para o infeliz, olvidando a disciplina de ti mesmo. À força de viver na contemplação dos defeitos e cicatrizes do próximo, nada mais viste acerca do coração, além de ruínas e trevas. Deus, porém, é infinitamente bom e te concede nova oportunidade de elevação no caminho da vida. Outras experiências te aguardam nos dias vindouros. Renascerás no mesmo lugar onde levantaste, inadvertidamente, o braço homicida. Transforma as algemas pesadas em laços de amor. Procura a companheira abnegada, que te seguirá os passos amorosamente, na senda redentora. Não olhes para trás. Acende a lâmpada generosa da fé e não temas o assédio das sombras.

Enquanto o interpelado o observava, reconhecidamente, surpreendido e silencioso, o magnânimo instrutor concluiu batendo-lhe afetuosamente no ombro:

— Vai, Marcondes! Recomeça a viagem, toma novamente o vagão da experiência humana, mas não atires o corpo pela janela do comboio em movimento e espera, resignado, a estação do destino.

O ex-comerciante agradeceu num gesto mudo.

Enquanto o mentor solícito voltava às esferas elevadas, Léo Marcondes era conduzido por outras mãos a uma singela choupana, modestamente erguida num dos bairros mais pobres.

~ 16 ~
Caridade e desenvolvimento

Num grupo de inquietas senhoras, após a reunião em que se haviam comunicado diversos Espíritos amigos, estalavam ruidosos comentários.

A palestra não interessava à vida alheia, segundo antiga acusação lançada às filhas de Eva; contudo, a nota dominante era a leviandade.

Falava-se entusiasticamente a respeito da prática e propaganda dos postulados espiritistas. Umas alegavam perseguições do Invisível, outras aludiam às aventuras dos maridos inconstantes, atribuindo as penas domésticas à influência dos maus Espíritos. Dentre todas, destacava-se a senhora Laurentina Cardoso pelo fervor sincero que lhe brilhava nos olhos. Divergindo da maioria, seus pareceres demonstravam singular interesse no assunto.

— Sinto-me transportada a região desconhecida — dirigia-se, impressionada, à diretora da feminil assembleia —, o Mundo Invisível nos arrebata à compreensão nova. Quão enorme é o serviço do bem a realizar!

E cruzando as mãos no peito, gesto que lhe era característico em instantes de profunda impressão, continuava, bondosa:

— Que fazer para cooperar no trabalho sublime? Quanto desejava ser útil aos infelizes da esfera espiritual!...

— Sim, minha filha — explicava a presidente —, é preciso desenvolver-se, aproveitar suas faculdades no esclarecimento de nossos irmãos atrasados. Seja atenta ao dever e alcançará os mais nobres valores.

— Não poderia a senhora consultar os instrutores espirituais nesse sentido? — indagou dona Laurentina, ansiosa.

— Perfeitamente.

E, decorridos alguns dias, escrevia-lhe solícito o orientador da reunião:

— Minha irmã, Deus te abençoe o propósito de fraternidade e confiança. Continua devotada ao bem do próximo. A caridade é luminoso caminho de redenção. Não a esqueças na experiência humana e, a fim de estenderes a divina virtude, não desprezes o desenvolvimento próprio. Companheiros abnegados, no Plano Invisível, seguirão teus passos na edificação de ti mesma. Ora, vigia, trabalha, espera e sobretudo confia em Deus.

A Sra. Cardoso estava radiante. Figurou-se-lhe a pequenina mensagem verdadeiro bilhete de luz, habilitando-a a conviver com os gênios celestiais. Leu, releu, dobrou a folha minúscula, guardando-a na bolsa de passeio; enxugou as lágrimas que a emotividade lhe trouxera aos olhos e agradeceu a dádiva jubilosamente.

Desde esse dia, transformou-se o lar de Joaquim Oliveira Cardoso. O marido de dona Laurentina, homem de negócios ativos nos círculos industriais e financeiros, notou a mudança, assaz surpreendido. A esposa dedicada e carinhosa multiplicava os pedidos de licença para comparecer às reuniões variadas e múltiplas, destinadas a experimentação mediúnica.

Avolumando-se dessarte os pedidos, Joaquim lhe fez ampla concessão a tal respeito. A companheira nunca o desgostara em qualquer circunstância. Humilde e abnegada, auxiliara-o na construção da fortuna sólida. Jamais demonstrara a vaidade ridícula dos novos ricos. Sempre se conduzira à altura da sua expectativa de homem consagrado à cultura intelectual e às boas maneiras. Desinteressada de exibições sociais, distante do convencionalismo balofo, dividia a existência com ele e os quatro filhinhos. Por que lhe impor restrições ingratas? Não compreendia aquele Espiritismo que se instalara na mente da esposa, mas não encontrava razão para proibir-lhe manifestações de fé. Além disso, Laurentina se entregava a semelhante movimento em companhia de relações respeitáveis. Esses raciocínios o tranquilizavam, no entanto, os dias se incumbiram de lhe carrear ao cérebro novas preocupações.

Laurentina parecia obcecada. Não lhe interessava a mudança de cortinas, a limpeza dos quadros, a proteção dos livros prediletos. Aranhas andavam à solta, os espanadores pareciam aposentados. O chefe da casa duplicou o número de criadas, temendo situações mais difíceis.

Decorreram um, dois, três anos. Preocupava-se agora o capitalista, não só com a indiferença da esposa no tocante ao ambiente doméstico, como também com a conduta maternal. É que, ao nascer o quinto filho, Laurentina requisitou o concurso da ama de leite. Alegando falta de tempo, o petiz foi entregue aos cuidados de uma pobre senhora que se prontificou ao serviço, mediante remuneração adequada. O marido, todavia, atendeu ao problema, fundamente amargurado. Servidores a mais ou a menos não lhe alteravam o programa econômico, mas a disposição da companheira desgostava-o. Suportou, contudo, a situação, sem queixas que a pudessem magoar.

O panorama caseiro prosseguia sem modificações, quando o sexto filhinho alegrou o casal. Decorridos dois meses em que a ama regressara ao serviço ativo, Joaquim valeu-se de momento íntimo, na hora da refeição, e falou à esposa, delicadamente:

— Tens observado a saúde do pequenino? Não te parece disposto a anemia profunda?

Dona Laurentina não pôde disfarçar o desapontamento ante a observação inesperada, e explicou:

— Ainda ontem ponderei a conveniência de levá-lo ao médico.

Cardoso fez o gesto de quem não deve adiar soluções justas e acrescentou:

— Creio, Laurentina, que o caso não se prende a consultório, mas propriamente ao lar.

Ela empalideceu e o marido prosseguiu:

— Sinto ferir-te a sensibilidade, mas hás de concordar que o leite materno, sempre que possível, não deve ser negado à criança. Reconheço, todavia, que multiplicaste talvez excessivamente as obrigações sociais. Tão ligada aos filhinhos, noutro tempo, não hesitas agora em voltar sempre tarde, confiando-os quase absolutamente às criadas. Não firo o assunto no propósito de repreender; tuas companheiras são respeitabilíssimas; entretanto...

— É que desconheces o serviço da caridade, Joaquim — atalhou melindrada com a delicada repreensão diante dos filhos —, minha ausência de casa obedece a trabalhos importantes, com que procuro atender aos bons Espíritos.

A pequena Luísa, filhinha do casal, com a gracilidade espontânea dos seis anos, obtemperou com interesse e vivacidade:

— Papai, esses Espíritos devem ser maus, porque não deixam a mamãe voltar cedo. Sinto tanta falta dela!

O chefe da família sorriu significativamente e retrucou:

— Talvez tenhas razão, minha filha. Esses Espíritos podem ser bons para toda gente, menos para nós.

Dona Laurentina esforçou-se para que as lágrimas não caíssem dos olhos, ali mesmo, e retirou-se desolada ao seu aposento. A pobre senhora se desfez em pranto amargo. Sentia-se vítima de angustiosa incompreensão. Não atendia a serviços de caridade? Não tentava desenvolver faculdades mediúnicas por consagrá-las ao alívio dos sofredores? Nessa noite, porém, esquivou-se à sessão costumeira. Precisava orar, meditar, ensimesmar-se. Rogou fervorosamente a Jesus lhe permitisse receber inspirações da Verdade. E, com efeito, sonhou que se aproximava de amplo e luminoso recinto, onde pontificava generosa entidade a serviço do bem. Guardava, por isso, a impressão de haver encontrado um anjo de Deus. Ajoelhou-se aflita e confiou-lhe as mágoas da alma sensível e afetuosa. Não acusava o marido nem se queixava dos filhinhos, mas pedia socorro para que lhe compreendessem o intuito. Ao fim de confidências angustiosas, o amigo afagou-lhe a fronte e explicou:

— Volta ao trabalho, Laurentina, e não te percas em lágrimas injustas. O companheiro é digno e bom, os filhinhos são flores do coração. Atende ao dever, minha amiga.

A interpelada quedara perplexa. Pedia socorro e recebia conselhos? Sentindo-se incompreendida, voltou a dizer:

— Rogo, por amor de Deus, auxiliardes meu esposo, no concernente às obrigações doutrinárias.

— Joaquim não as tem esquecido — esclareceu o orientador. — De há muitos anos se vem ele revelando mordomo fiel. Responsável por numerosas famílias de empregados que o estimam, trata os interesses de todos com justiça e honestidade. Não o deixes sem amparo afetivo, em tarefa tão grave. Porque não atenda diariamente a problemas de ordem religiosa, no que toca a letras e cerimônias, não quer dizer que permaneça desamparado de Deus. Entende-se ele com o Pai, no altar da consciência reta, quando organiza os serviços de cada dia, proporcionando trabalho e remuneração aos operários do seu círculo, segundo os méritos e necessidades de cada um.

— Não estou eu, porém, ao serviço da caridade? — pergunta Dona Laurentina, extremamente surpreendida.

— Sem dúvida, e por isso Jesus não te desampara a alma sincera. Entretanto, existem problemas que não deveriam passar despercebidos. Já observaste que, antes da caridade, permanece a primeira caridade?

Dona Laurentina esboçou o gesto de quem interroga sem palavras.

— A primeira caridade da dona de casa — continuou o mentor delicadamente — é atender ao lar; a da esposa é ajudar o companheiro; a da mãe é amamentar e nortear os filhos. Sem isso, o trabalho do bem não seria completo.

Fundamente admirada e sem ocultar o desapontamento que lhe ia na alma, a senhora Cardoso objetou:

— Mas o próprio orientador de nossas reuniões me aconselhou o desenvolvimento, sempre desejei atender a benefício dos que sofrem nas trevas e, por isso, tenho tentado o desabrochar de minhas faculdades mediúnicas...

— Quando o amigo espiritual te aconselhou desenvolvimento, procedeu sabiamente. Todos precisamos desenvolver sentimentos nobres, compreensões justas, noções santificantes. Quanto a faculdades psíquicas, é indispensável considerar que toda criatura as possui, em maior ou menor grau. Há, sim, trabalhadores com tarefas definidas, nesse particular; no entanto, não podem fugir à espontaneidade, como não escapaste à missão de mãe. E olvidaste, porventura, que ser mãe é ser médium da vida? Ignoras que o lar constitui sessão permanente, onde a doutrinação e a caridade com os filhos pedem, às vezes, sacrifício secular? Não abandones a cooperação de amor junto às amigas do mundo, prossegue servindo aos semelhantes, dentro das possibilidades justas, alivia o sofrimento dos que choram no Plano Invisível, mas não esqueças a reunião permanente da família, na qual tens evangelizações e testemunhos, a todos os minutos do dia e da noite. Para poder cooperar nos campos imensos da esfera visível e invisível é preciso saber cultivar o canteiro da obrigação própria. Volta, minha amiga, e que Deus te abençoe.

Dona Laurentina acordou assombrada. Radiosa alegria estampara-se-lhe no semblante. Num transporte de júbilo contou ao marido a curiosa ocorrência.

Ele abraçou-a contente e exclamou:

— Agora, interessa-me de fato essa nobre Doutrina. Nunca julguei que pudessem existir Espíritos tão sábios e tão bons.

~ 17 ~
A experiência de Catarino

No início dos trabalhos psíquicos, presididos por Catarino Boaventura, surgiu certa entidade revelando singular carinho e trazendo cooperação interessante, que imprimia novo estímulo à tela viva de cada reunião. Fez-se conhecer pelo nome de Aquiles, que nenhum dos componentes do círculo conseguiu identificar. No entanto, apesar do anonimato, criou um vasto ambiente de simpatia, não pela cultura notável, mas pelo préstimo ativo que demonstrava. Impressionado o grupo, em vista das intervenções espetaculares, não houve mais ensejo para o estudo metódico da Doutrina.

Debalde o verdadeiro orientador espiritual exortou os companheiros, no sentido de renovarem sentimentos à luz do evangelho do Cristo. Ninguém dava ouvidos à solicitação insistente. Em vão movimentou-se o mentor dedicado, provocando a vinda de irmãos esclarecidos, no propósito de modificar a situação. A assembleia não se interessava pelos aspectos elevados que a nova fé lhe oferecia. Livros edificantes, jornais bem orientados, revistas educativas, eram relegados a plano secundário, como inúteis. A amizade de Aquiles representava a nota essencial do agrupamento. Todos os componentes da sessão costumeira recorriam aos seus bons ofícios, qual se fora ele um semideus. A entidade prestativa não disseminava maus conselhos, nem menosprezava os princípios nobres da vida; contudo, subtraía aos amigos invigilantes a oportunidade de caminharem por si mesmos. Participava de todos os negócios materiais dos companheiros. Opinava em casos particulares e problemas íntimos. Chamavam-lhe guia e diretor infalível.

Via-se, porém, que Catarino Boaventura assumira grande responsabilidade na situação algo confusa, porquanto, na qualidade de orientador encarnado, perdia-se frequentemente em questões e perguntas ociosas.

Os legítimos instrutores, em semelhante regime de leviandade doentia, aliada a forte preguiça mental, afastaram-se discretamente, pouco a pouco.

E Aquiles, parecendo menino bondoso e desajuizado, espécie de criadito diligente e humilde, continuou prestante aos trabalhos de qualquer natureza. Fortemente ligado a Catarino, por vigorosos laços magnéticos, não se sabia qual dos dois era mais leviano, no capítulo sagrado da responsabilidade individual.

Na residência dos Boaventuras, não se tentava solução de problema algum sem audiência do colaborador invisível.

O chefe da família jamais se cansava de interrogações e consultas. Frequentemente repetiam-se entendimentos deste jaez:

— Meu irmão, que nos diz relativamente ao meu projeto de sociedade comercial com o Morais e Silva?

— Referes-te ao projeto da fábrica de doces? — indagava o Espírito, demonstrando bondade fraternal.

— Isso mesmo.

— Espera. Estudarei detidamente o assunto.

Daí a minutos, regressava Aquiles informando:

— É inconveniente o negócio. Morais e Silva não é homem de boas intenções. Não possui capital suficiente e pretende lançar empréstimo fraudulento em casa bancária. Aceitar-lhe a companhia constituirá erro grave.

Catarino não fazia valer as razões nobres da vida, que mandam alijar intrigas e esclarecer intrigantes, no mecanismo das relações usuais, e, olhos vivazes, agradecia:

— Ainda bem, Aquiles, que tive tua cooperação desinteressada. Obrigado, amigo. Amanhã tomarei providências indispensáveis, compelindo o malandro a desembaraçar o caminho.

No dia imediato, desfaziam-se os projetos, sem motivos justos. O quadro das oportunidades de trabalho surgia diariamente, mas o comunicante, instado pelo companheiro, destacava sempre as dificuldades e impedimentos. Se observava pessoas, comentava-lhes os defeitos; se examinava situações, expunha as zonas vulneráveis.

— Que me ordenas hoje irmão? — perguntava Aquiles zeloso.

— Faço questão que te fixes no caso, trazendo informes detalhados e francos.

— Queres conhecer os obstáculos existentes?

— Sim, preciso me mostres o lado obscuro, a fim de agir em confiança perfeita.

E, em todas as situações, obedecia ao emissário, cegamente.

O menor problema era considerado com esse critério de relevo à sombra, com esquecimento das probabilidades de luz.

Enquanto passava o tempo, cresciam as demonstrações de preguiça mental. Aquiles parecia alimentar-se dos fluidos magnéticos de Catarino, e este, a seu turno, revelava-se cada vez mais dependente do companheiro espiritual. E tão enredada ficou a família Boaventura, no temor das pessoas e situações, que o dono da casa foi compelido a colocar-se em modesta condição de representante de várias instituições comerciais, para que não faltasse o pão cotidiano.

Toda noite, porém, reunia-se o grupinho, reincidindo o dirigente da sessão nas perguntas invariáveis.

— Aquiles, concordas comigo relativamente à viagem de amanhã?

— Perfeitamente — respondia incorporado à médium —, aquele bairro é futuroso e rico. Visitei-o ontem à noite, conforme determinaste, e posso dizer que o volume de negócios é dos mais promissores.

Catarino agradecia, solícito, e, feita a viagem inicial, recomeçava na sessão imediata:

— Terminando as atividades atuais, tenciono visitar a cidade a que nos referimos a semana passada. Desejaria, meu irmão, que trouxesses informações exatas, para saber se serei bem ou malsucedido.

Aquiles prometia esforçar-se e, vindo a noite, opinava:

— Não convém tentar o plano formulado. A cidade é pequena e pobre, o jogo dos interesses ali predominantes não oferece oportunidades lucrativas. A população vive de produtos agrícolas, mas, dada a incerteza da colheita, vários estabelecimentos comerciais se aproximam da falência.

— Agradeço-te, amado guia — falava o diretor da reunião extremamente sensibilizado —, encontro em ti meu apoio diário.

E não satisfeito com a incúria própria, Catarino fazia ativa propaganda dos méritos de Aquiles. Nunca mais se referiu aos mentores sábios que costumavam cooperar nas reuniões doutro tempo, trazendo exortações sérias e estímulos preciosos ao estudo das grandes leis da vida. Preferia o mensageiro que lhe obedecia às ordens caprichosas. Afeiçoados, vizinhos e conhecidos vinham pressurosos associar-se-lhe à atitude negativa. Aquiles atendia as mais estranhas consultas, tornando-se respeitado qual figura miraculosa.

Entretanto, com o correr inflexível do tempo, Catarino Boaventura acabou entregando o corpo à terra.

Qual não foi, porém, a surpresa que teve, quando, ao entrar em contato direto com o Plano Espiritual, divisou lado a lado o comunicante das sessões terrestres! Uma figura comum, sem qualquer expressão notável que o tornasse digno de veneração. O antigo diretor da reunião estava perplexo. Na cegueira espiritual em que se envolvera no mundo, presumia no amigo obediente qualidades excepcionais de condutor. Aquiles, todavia, aproximou-se humildemente e perguntou:

— Ainda bem que te encontro, meu velho amigo! Quais são as tuas ordens, agora?

— Ordens? — indagou Catarino, aterrado — pois não és nosso guia e orientador?

— Não tanto assim — explicou o interpelado —, designaram-me para cooperar em tuas atividades na Terra e, desde então, trabalhando exclusivamente a teu mando, não tenho outra preocupação senão obedecer-te.

— Não te encontras, acaso, em permanente comunicação com aqueles que te designaram? — perguntou o recém-desencarnado ansioso de auxílios novos.

— Fui ajudar-te, comprometendo-me a não cessar o intercâmbio com esse amigo generoso que me acolheu e proporcionou trabalho nas tuas reuniões — esclareceu o cooperador humilde —, no entanto, davas-me tantas preocupações e tantos encargos sobre pessoas, negócios, vilas e bairros diferentes, que, quando tentei receber novas instruções, não mais achei o caminho. Sentindo-me só, tratei de unir-me mais e mais contigo e acreditei dever esperar-te, já que me prendeste tanto em tua própria senda.

Catarino experimentou a surpresa angustiosa de quem encontra o fundo do abismo. Somente aí, compreendeu que os ignorantes não permanecem exclusivamente na Terra e que o pobre Aquiles não passava de servo confiante da indolência que lhe assinalara a última experiência terrestre.

Movimentando-se tardiamente, inclinou o companheiro a meditar na gravidade da situação e, à maneira de bandeirantes da sombra puseram-se a caminho das trevas para a luz. A jornada penosa realizava-se à custa de lágrimas e desenganos. Quanto tempo durou a procura de uma voz abençoada que lhes ensinasse a saída do labirinto imprevisto? Não poderiam responder.

Chegou, todavia, o momento em que Boaventura sentiu a presença de generoso amigo ao lado de ambos. Bradou o reconhecimento que lhe vibrava no coração, quis ajoelhar, oscular os pés do mensageiro que lhes vinha ao encontro. Não pôde, contudo, fixar o emissário, mas a voz que os cercava ergueu-se brandamente e fez-se ouvir com emoção:

— Catarino, Jesus nunca desampara os que se propõem firmemente à retificação. Reconheces, agora, que a vida em todo plano da natureza pede esforço, trabalho, compreensão. Como pudeste acreditar que Deus ligasse a esfera visível à invisível, na Terra, tão só para subtrair o homem aos problemas e labores necessários? Cada dia, no mundo, levava-te ao coração abundante celeiro de oportunidades que nunca soubeste aproveitar. Aprendeste que os desencarnados são igualmente trabalhadores e nem sempre são missionários iluminados e redimidos. Quando a Providência permitiu que se encontrassem os irmãos de uma e outra esfera, não foi para estabelecer inércia, e sim desenvolver, mais intensamente, a cooperação, a fraternidade e o espírito de serviço. Uns e outros são portadores de necessidades e problemas próprios, que a diligência e o amor recíprocos podem resolver. Entretanto, transformaste o pobre Aquiles em muleta dos teus aleijões mentais. Fugiste aos problemas, abandonaste o trabalho, renunciaste às possibilidades que o Senhor do universo depositou em teus caminhos!...

Calando-se a voz por momentos, Boaventura implorou, afogado em pranto:

— Dai-me um guia por amor de Deus!...

— Um guia? — perguntou o mentor invisível — para quê? De que modo caminharás neste plano, se não quiseste aprender a caminhar nas estradas do globo? Não posso atender-te agora ao desejo; todavia, Jesus não te deixará ao desamparo... Vamos, segue-me! Regressarás à Terra para aprender que desencarnados e encarnados têm realizações que precisam efetuar conjuntamente. Não desdenhes o desenvolvimento das faculdades próprias! Vamos, Catarino, e não esqueças nunca que a dificuldade, a luta, o obstáculo e o sofrimento são guias preciosos que ninguém poderá dispensar na marcha para Deus.

E Boaventura, de mãos dadas com Aquiles, por sua vez perplexo, seguiu, cambaleando, a grande luz que rompia as sombras, voltando ao mesmo lugar donde viera, a fim de recomeçar a lição da vida.

~ 18 ~
Narrador apenas

— Terminara a leitura — continuou Armando Botelho, na palestra eventual, em casa dos Veloso — e entrei a meditar profundamente, quando o vulto penetrou no quarto, de leve. Fixei-o surpreendido e reconheci minha mãe a mostrar-me o sorriso meigo de outro tempo. Não disse palavra, nem se aproximou muito de mim; todavia, pude identificar-lhe as mãos rugosas, o olhar carinhoso e vivo, os cabelos brancos.

Enquanto o narrador distinto se calava bruscamente para acender outro cigarro, a nobre senhora interrogou:

— Mas, se conseguiu verificar fenômeno tão belo, como pode duvidar da comunicação dos Espíritos desencarnados?

Revelando maneiras apuradas no trato social, Botelho utilizou o cinzeiro, sorriu discretamente e sentenciou:

— Apesar disso, tenho minhas dúvidas. Quem me diz que a visão não era reflexo de minha própria mente? Durante o dia eu pensara em minha mãe, fitara retratos, relera velhas cartas dela. Nada impossível que meu subconsciente padecesse determinadas excitações. Aliás, estes casos são comuns. Nosso problema psíquico é mais transcendente do que se pode imaginar. A Ciência de hoje relaciona observações indiscutíveis.

— Não compreendo bem — atalhou o respeitável Libório, hóspede da casa —; neste passo, o subconsciente nos levará a ilações mais inacreditáveis e mais difíceis de exame.

— Sim — voltava Botelho, evidenciando falsa preocupação —, precisamos cuidado na investigação de fenomenologia tão extensa e complicada. Além disso, possuímos recursos ignorados e é possível enganarmo-nos a nós mesmos.

— Concordo — explicava o interlocutor, judiciosamente —; todavia, em qualquer esforço é indispensável fugir ao absurdo teórico.

A conversação chegava a termo sem que ninguém estivesse de acordo. Armando não cedia. Contudo, ao transpor a porta, depois das despedidas, surgiam comentários discretos.

— Se Botelho é favorecido com tamanha proteção espiritual, por que não se modifica para melhor? — dizia a Sra. Peçanha recostada no sofá — é incrível que homens, assim, se entreguem a tantos escândalos na vida particular.

— Ora, ora — alegava o marido, instalado na cadeira em frente —, por que se deixará incomodar com Espíritos, quando tem vida folgada e dinheiro para esbanjar nos cassinos de luxo? A mulher ainda agora recebeu nova herança. Nessas condições, qualquer homem, ainda que visitado pela corte celestial, preferirá falar em Ciência e faculdades ocultas.

Retrucava, entretanto, a companheira tomada de boa intenção:

— Nem tanto. Há capitalistas generosos, ricos devotados ao bem dos que sofrem. Conhecemos amigos abastados, convertidos inteiramente a Jesus.

O marido tomou uma expressão brejeira e, arrancando riso dos presentes, respondeu sem hesitar:

— Mas estes, Raimunda, são os missionários.

Continuaram a destilar o fel da maledicência.

De alguma sorte, porém, Armando Botelho fazia jus a referências tão ásperas. Desde muito tempo, a velha e amorosa mãe o chamava do plano invisível. Intimamente, ele reconhecia o caráter real das manifestações, mas, amolecido pelo dinheiro, assumira condenáveis atitudes mentais. Se o coração começava a ceder, os vícios falavam mais alto dentro dele e punham-no em fuga, através de noitadas alegres, em que o jogo, o vinho e as mulheres desenhavam-lhe quadros deliciosos. Ótimo narrador, prendia os ouvintes com a fraseologia espirituosa, relatando fenômenos que o rodeavam; todavia, se algum amigo buscava incliná-lo a ilações religiosas, Botelho se revoltava. Citava cientistas e filósofos, observações e experiências. À religião que consagra e define responsabilidades, preferia sempre a vaidade, que liberta os instintos inferiores.

Comparecendo, certa vez, a humilde reunião espiritista, foi surpreendido com pequena mensagem maternal. Aquela, que lhe fora carinhosa genitora no mundo, pedia-lhe caminhasse na senda do bem, procurando a inspiração de Jesus e valendo-se da fé na estrada humana; e contudo, enquanto os amigos se rejubilavam, Botelho pôs-se em guarda e declarou:

— Não posso aceitar como idôneo este documento. Os espiritistas costumam precipitar conclusões. Quem afiançará que tudo não passa de alucinação telepática? Pensei na querida morta insistentemente. Não se daria o caso de transmissão de cérebro a cérebro? Além disso, a página é excessivamente impessoal. Minha mãe não se identifica, não se refere aos manos, aos netos, a letra não é expressão fiel.

Debalde, os amigos desapontados tentavam explicar; em vão procurou o médium relatar observações próprias.

— Tudo fragmentário, discutível... — rematava o negador renitente.

Foram inúteis detalhadas elucidações. Botelho não aceitou. Chegado a casa, notificou à esposa a ocorrência da noite, objetando-lhe ela docemente:

— Será útil prosseguir observando. Creio que sua mamãe compartilha dos meus cuidados. A mensagem requer atenção ao bem. Não será um apelo justo? Não representará amoroso convite a que deixe você os falsos amigos e o hábito absorvente do jogo? Temos filhinhos requisitando dedicação e vigilância. Essa página tem, pois, extraordinário valor a meus olhos. Ignoras talvez que venho recebendo cartas anônimas denunciando seu proceder, no que se refere a mulheres viciadas. Não costumo tomar conhecimento de qualquer insulto ao lar; no entanto, acredito que deverá precatar-se quanto a companhias menos dignas, ressalvando o próprio nome.

Revelavam essas palavras tamanha generosidade e delicadeza que o esposo se calou, desapontado e vencido.

O acontecimento, porém, não lhe modificou as atitudes.

Depois de algum tempo, hospitalizou-se para tratamento de inesperada pneumonia. Ameaçado de morte, Botelho declarou ter fé na intervenção do Plano Espiritual, implorou a assistência materna, prometeu vida nova à companheira, mas, quando se restabeleceu, não sabia falar senão de saudades dos companheiros levianos, e regressou ao cassino, mais escravizado que nunca.

Continuaram os fenômenos e apelos indiretos, e, todavia, ele prosseguiu examinando teorias científicas mais novas, a fim de reforçar argumentação negativa nas discussões habituais.

Transcorridos dez anos após a estada na casa de saúde, voltou a experimentar violentas dores no pulmão. Nova profissão de fé, ante ameaças de morte; novas promessas à companheira paciente e humilde. Restabelecido, porém, não mais se contentou com as extravagâncias noturnas e incluiu as horas do dia nas dissipações costumeiras.

Apesar de tudo isso, aprimorava cada vez mais as qualidades de narrador fascinante e distinto.

Mais de vinte anos haviam passado sobre a palestra em casa dos Veloso, quando Botelho os encontrou em festividade social.

— Sempre o mesmo! — exclamou o amigo, apertando-lhe as mãos.

— Ainda bem que o vemos de boa saúde! — disse a senhora, gentilmente.

Botelho não disfarçou o contentamento de abraçá-los e, qual acontecia noutro tempo, a conversação caiu no terreno amplo do Espiritismo. O perdulário relatou as últimas experiências, referindo-se mais vigorosamente à subconsciência e ao animismo. Contemplaram-no os Veloso, extremamente desalentados, reconhecendo tratar-se de caso perdido, e sorriram ambos, murmurando evasivas.

— Ainda anteontem — prosseguia Botelho, loquaz — sonhei que me encontrava em largo campo de luz. Avistei, na paisagem maravilhosa, uma árvore de cujos ramos pendia um único fruto amadurecido. Notei que minha mãe se aproximou, tentando colhê-lo, mas, quando o esforço ia em meio, apareceu terrível monstro, e o fruto, grande e belo, como se houvera criado impulso próprio, lançou-se às garras do animal, em vez de se deixar colher por minha mãe.

Sorriram os amigos, entreolhando-se em silêncio.

— E imaginem que minha mulher — continuou ele — teve a coragem de interpretar o sonho, colocando-me no papel do fruto que, apesar de maduro, preferiu a companhia do monstro ao aconchego maternal. Já viram contrassenso tal?

Veloso, entretanto, fugindo a discussões estéreis com quem devia saber muito mais que ele mesmo, pelas experiências próprias, acrescentou com ironia intencional:

— As esposas são assim, enérgicas e severas, pelo muito amor que nos consagram. Não se incomode, porém. No seu caso, creio que deve recorrer a Freud, com bastante atenção.

— Isso mesmo, tal qual — concordou o interlocutor entusiasmado —, até que enfim vocês também chegaram onde eu queria.

Daí a semanas, contudo, o extravagante Botelho era recolhido à pressa ao hospital, abatido e agonizante. Desta vez, era o edema pulmonar, irremediável. Nada valeram cuidados médicos e lágrimas da família.

Enquanto o corpo esfriava lentamente, gritava o excelente narrador, sequestrado agora aos olhos e ouvidos da esposa e dos filhinhos carinhosos:

— Minha mãe, oh! minha mãe!... Valei-me por amor de Deus! Ajudai-me neste angustioso transe. Creio agora na vida triunfante e imortal!...

A progenitora, todavia, não apareceu.

E ante o olhar esgazeado do infeliz, surgiu devotado enfermeiro da Espiritualidade que respondeu solícito:

— Acalma-te para exames necessários. Não chames tua mãe. Depois de imensos sacrifícios, esperando mais de trinta anos pela resposta de tua alma iludida e ociosa, ela mereceu a bênção de Deus em tarefa superior e diferente. Como vês, Botelho, agora é muito tarde...

~ 19 ~
Quando Felisberto voltou

Desde muito tempo, Felisberto Maldonado fizera-se espiritista de convicção profunda, quanto a raciocínios; não pudera, porém, compreender a extensão dos deveres que a Doutrina lhe trazia, quanto a sentimentos.

A reunião íntima no grupo doméstico, na qual o intercâmbio entre as esferas visível e invisível se podia efetuar harmonicamente, não lhe dava razões a críticas acerbas, nem questões complicadas à fé. A esposa devotada era médium falante e, criatura maravilhosamente equilibrada, sabia dividir as obrigações mediúnicas e familiares, demonstrando raro senso nas atribuições que Deus lhe conferira. Dona Silvana conhecia o lugar de cada pessoa e de cada coisa na vida, e colocava os deveres de mãe acima de todas as situações terrestres. À vista disso, sua cooperação tornava-se preciosa, fosse onde fosse. No lar, distribuía afeto e carinho sem preferências egoísticas; nas reuniões doutrinárias, dava a cada companheiro de ideal o que se tornava justo. Por isso mesmo, os benfeitores da Espiritualidade encontravam-lhe no coração o campo reto, sem inclinações e sem abismos, nos quais se movimentavam confiantes na gloriosa tarefa da fraternidade e da luz.

Contudo, não acontecia o mesmo ao esposo. Felisberto esbanjava o tempo disponível a criticar asperamente. Porque vivia ao lado de pequena máquina espiritista, cujas peças se contavam por cinco a seis pessoas e jamais encontrara dificuldade na sua movimentação, tornara-se inapto a compreender as grandes tarefas. Descuidoso e rebelde vivia a deslustrar reputações e a desanimar os fracos impiedosamente. Tal disposição convertera-se-lhe em mania tão perigosa, que, mal regressava ao lar, após o serviço, lia o noticiário zelosamente, a fim de inteirar-se das notas escabrosas. Encontrado o pomo de maledicência, corria ao companheiro mais próximo e comentava:

— Leu a notícia, Amarante?

— Que notícia, homem de Deus?

— Ontem o João Faria compareceu à Polícia para esclarecer o caso dos vinte contos.

Antes que o amigo se pronunciasse, Felisberto continuava de punhos cerrados e olhos vermelhos:

— Será isso ação de espírita? Sinto-me revoltado com o descaramento. Que cinismo! Quem o visse pregar o Evangelho dar-lhe-ia o nome de apóstolo. Passando eventualmente pelo grupo, em que esse tratante colabora, sempre fiz questão de me interromper para vê-lo, carinhoso e solícito, diante dos necessitados e sofredores. Muita vez, tomei-o por padrão comparativo. Não é de revoltar os mais tolerantes?! Aqueles gestos de amparo fraternal constituíam capa imunda. Agora, temo-lo aqui retratado na galeria de gatunos. Não é isto infâmia e desmoralização sobre todos nós?

— Sim — replicava Amarante prudentemente —, o caso do Faria, sem dúvida, é chocante; merece, porém, consideração especial. Quem sabe não será apenas vítima o pobre companheiro? Não são frequentes os terríveis enganos? A quantia desapareceu dentro da repartição. Ninguém surpreendeu o autor do delito. Alguns colegas o acusaram e o diretor julgou procedente a denúncia. João declarou-se isento de culpa, mas, nada obstante, foi demitido e convocado ao Distrito Policial. Este o quadro passível de exame aos nossos olhos falíveis. Analisando-lhe, porém, a vida irrepreensível, quem não se compadecerá do acusado? Quem sabe não esteja ele suportando voluntariamente a culpa de outrem? Às vezes, onde nossos olhos suspeitam criminosos, Deus observa missionários de renúncia.

Maldonado perdia o entusiasmo ardente de acusador, mas objetava renitente:

— Sem embargo da sua tolerância, mantenho cá o meu juízo.

E, incapaz de sentir a grandeza da Espiritualidade oculta, rematava:

— Se Faria está sofrendo injustiças voluntariamente, então é porque prefere a mentira à verdade. Será condenável de qualquer modo. Antes de tudo é preciso viver às claras.

Não obstante conselhos do Plano Espiritual e advertências de amigos generosos, não se cansava do odioso fermento de crítica e intolerância. Acusava sem reflexões, desabridamente.

Se encontrava associação doutrinária, solidamente fundamentada, resistindo aos caprichos de companheiros invigilantes, adiantava-se desapiedado:

— Por que conservam tantos patrimônios em detrimento do bem? Não será falta grave reter tão grandes economias esquecendo comezinhos deveres de fraternidade? É isso. Ouvem-se palavras harmoniosas, mas o coração permanece distante. São todos férteis no aconselhar, negativos no fazer.

Felisberto não se detinha a examinar expressões coletivas, ignorava a luta de velhos companheiros oberados de responsabilidades e preocupações; não sabia que forças necessitavam encontrar por não trair deveres imensos, e, longe de lhes estender mãos fraternas na colaboração justa, acusava-os de agiotas, velhacos, negocistas.

Se algum amigo menos firme na fé lhe procurava os pareceres de homem experimentado, relativamente a um que outro companheiro estranho ao seu círculo pessoal, respondia sem hesitação:

— Aquele é sepulcro caiado. Não se iluda. De espiritista só tem a rotulagem, conheço-lhe a vida minuciosamente.

Por vezes, baseava tão áspero critério em mentirosas informações da leviandade popular.

Nas reuniões, ouvia conceitos evangélicos respeitosamente, mas o ensinamento sublime não lhe penetrava o coração. Arquivava-o no cérebro, apenas, no propósito de exigir alheios testemunhos.

Tão desviada existência terminou, como era natural, em reduzidíssimo círculo de afeições. Felisberto desconhecera o código da amizade, esquecera a cooperação fraterna, dissipara a força emotiva em acusações e críticas mordazes. Não edificara obra útil e passara na Terra à maneira de alguém que somente visse lama nos materiais construtivos, que a Providência espalhou em abundância nos caminhos da vida.

Decorrido algum tempo, reconhecendo o íntimo desejo da viúva generosa, o instrutor espiritual do pequeno grupo anunciou que traria Maldonado na próxima sessão.

Prometeu e cumpriu. Contrariando, todavia, a ansiosa expectativa de todos, o visitante incorporou-se à médium mais jovem, vibrando em soluços convulsivos. Não saudou a quem quer que fosse, não se referiu à vida nova e apenas clamava de cortar o coração mais endurecido:

— Ai de mim! Quem me restituirá o equilíbrio dos olhos?! Não vejo senão animais horrendos, casas de lama envolvidas em sombra!...

E, após angustiados gemidos, perguntou:

— Quem sois vós que tendes garras em vez de mãos e mergulhais a cabeça entre espinhos?

Observando os benfeitores espirituais que dona Silvana chorava baixinho, retiraram-no imediatamente e, ante perplexidade geral, o mentor do círculo tomou a palavra e explicou paternalmente:

— Não vos admireis ante a dolorosa observação desta noite. Nosso Maldonado vem atravessando a prova justa de quantos se esqueceram de preservar a reflexão e a prudência, que são igualmente dons sublimes, subordinados ao ministério da vista espiritual. Ele, que jamais quis contemplar o lado útil e o aspecto louvável das pessoas e acontecimentos, colhe hoje os tristes resultados. Cada ser e cada coisa, nos planos de perfectibilidade em que nos encontramos, apresentam as faces de luz e sombra, quais lagos que oferecem o espelho transparente e o leito escuro, de lodo. Felisberto resistiu aos nossos apelos e desdenhou dos amigos vigilantes e dedicados. Gastou o tempo e fixou a experiência nas zonas sombrias. É natural que não surja à tona da Vida Eterna empunhando faróis. Passando longos anos no fundo do lago, sempre calculando, definindo, medindo e pesando a lama, não poderia esquivar-se à furna sem a lama. É por isso que ainda não recobrou a visão perfeita. Munido dos velhos óculos de lodo, vê espinhos onde há dedos, garras em vez de mãos, e sombras onde há bênçãos de luz e sol.

A viúva bondosa enxugava o pranto copioso, até que o respeitável amigo sentenciou afetuosamente:

— Não chore, minha irmã. Lembre-se de que a perturbação agrava os males e de que a serenidade os resolve.

E, imprimindo singular acento às palavras, afirmou ao despedir-se:

— Sobretudo, que ninguém esqueça a lição preciosa de hoje. Quando Jesus revelou aos discípulos que a candeia do corpo são os olhos, destacava a importância do nosso desenvolvimento espiritual, pelo modo de ver. Quem se detenha exclusivamente no mal, apaga a lâmpada e foge à colaboração com a vida; mas quem vive pelo bem, embora se aproxime do mal, consegue transformá-lo em coisa útil, porque encontrará possibilidades divinas em toda parte, cooperando com o Cristo para a luz eterna.

Em seguida à última observação, fez-se a prece de encerramento.

Os companheiros tinham os olhos molhados e, ao contrário do que se verificava em ocasiões idênticas, ninguém se aventurou a comentários. Cada qual tomou o seu caminho em profundo silêncio.

~ 20 ~
O valor do trabalho

Ninguém contestava os nobres sentimentos de Cecília Montalvão; entretanto, era de todos sabida sua aversão ao trabalho. No fundo, excelente criatura cheia de conceitos filosóficos, por indicar ao próximo os melhores caminhos. Palestra fácil e encantadora, gestos espontâneos e afetuosos, seduzia quem lhe escutasse o verbo carinhoso. Se a família adotasse outros princípios que não fossem os do Espiritismo Cristão, Cecília propenderia talvez à vida conventual. Assim, não ocultava sua admiração pelas moças que, até hoje, de quando em quando se recolhem voluntariamente à sombra do claustro. Mais por ociosidade que por espírito de adoração a Deus, entrevia nos véus freiráticos o refúgio ideal. No entanto, porque o Espiritismo não lhe possibilitava ensejo de ausentar-se do ambiente doméstico, a pretexto de fé religiosa, cobrava-se em longas conversações sobre os mundos felizes. Dedicava-se, fervorosa, a toda expressão literária referente às esferas de paz reservadas aos que muito sofreram nos serviços humanos. As mensagens do Além, que descrevessem tais lugares de repouso, eram conservadas com especial dedicação. As descrições dos Planetas Superiores causavam-lhe arroubos indefiníveis. Cecília não cuidava de outra coisa que não fosse a antevisão das glórias celestiais. Embalde a velha mãezinha a convocava à lavanderia ou à copa. Nem mesmo nas ocasiões em que o progenitor se recolhia ao leito, tomado de tenaz enxaqueca, a jovem abandonava semelhantes atitudes de alheamento às tarefas necessárias. Não raro discutia sobre as festividades magnificentes a que teria direito, após a morte do corpo. Ao seu pensar, o círculo evolutivo que a esperava devia ser imenso jardim de Espíritos redimidos, povoado de perfumes e zéfiros harmoniosos.

No grupo íntimo de preces da família, costumava cooperar certa entidade generosa e evolvida, que se dava a conhecer pelo nome de Eliezer. Cecília interpretava-lhe as advertências de modo puramente individual. Se o amigo exortava ao trabalho, não admitia que a indicação se referisse a serviços na Terra.

— Este planeta — dizia enfaticamente — é lugar indigno, escura paragem de almas criminosas e enfermas. Seria irrespirável o ar terrestre se não fora o antegozo dos mundos felizes. Oh! como deve ser sublime a vida em Júpiter, a beleza dos dias em Saturno, seguidos de noites iluminadas de anéis resplandecentes! O pântano terrestre envenena as almas bem formadas e não poderemos fugir à repugnância e ao tédio doloroso!...

— Mas, minha filha — objetava a progenitora complacente —, não devemos adotar opiniões tão extremistas. Não é o planeta inútil e mau assim. Não será justo interpretar nossa existência terrena como fase de preparação educativa? Sempre notei que qualquer trabalho, desde que honesto, é título de glória para a criatura...

Todavia, antes que a velha completasse os conceitos, voltava a filha intempestivamente, olvidando carinhosas observações de Eliezer:

— Nada disso! A senhora, mamãe, cristalizada como se encontra, entre pratos e caçarolas, não me poderá compreender.

Suas observações resultam da rotina cruel, que se esforça por não quebrar. Este mundo é cárcere sombrio, no qual tudo é miséria angustiosa e creio mesmo que o maior esforço por extinguir sofrimentos seria igual ao de alguém que desejasse apagar um vulcão com algumas gotas de água. Tudo inútil. Estou convencida de que a Terra foi criada para triste destinação. Só a morte física pode restituir-nos a liberdade. Transportar-nos-emos a esferas ditosas, conheceremos paraísos iluminados e sem-fim.

A senhora Montalvão contemplava a filha, lamentando-lhe a atitude mental, e, espanando os móveis, por não perder tempo, respondia tranquila, encerrando a conversa:

— Prefiro crer, minha filha, que tanto a vela de sebo, como a estrela luminosa, representam dádivas de Deus às criaturas. E, se não sabemos valorizar ainda a vela pequenina que está neste mundo, como nos atreveremos a invadir a grandeza dos astros?

E antes que a moça voltasse a considerações novas, a bondosa progenitora corria à cozinha, a cuidar do jantar.

Qualquer tentativa tendente a esclarecer a jovem redundava infrutífera. Solicitações enérgicas dos pais, pareceres criteriosos dos amigos, advertências do Plano Espiritual eram relegados a completo esquecimento.

Fervorosa admiradora da vida e obras de Teresa de Jesus, a notável religiosa da Espanha do século XVI, Cecília endereçava-lhe ardentes rogativas, idealizando a missionária do Carmelo num jardim de delícias, diariamente visitada por Jesus e seus anjos. Não queria saber se a grande mística trabalhava, ignorava-lhe as privações e sofrimentos, para só recordá-la em genuflexão ao pé dos altares.

Acentuando-se-lhe a preguiça mental, vivia segregada, longe de tudo e de todos.

Essa atitude influía vigorosamente no seu físico, e muito antes de trinta anos Cecília regressava ao Plano Espiritual, absolutamente envolvida na atmosfera de ilusões. Por isso mesmo, dolorosas lhe foram as surpresas da vida real.

Despertou além-túmulo, sem lobrigar vivalma. Depois de longos dias solitários e tristes, a caminhar sem destino, encontrou uma Colônia espiritual, onde, no entanto, não havia criaturas em ociosidade. Todos trabalhavam afanosamente. Pediu, receosa, admissão à presença do respectivo diretor. Recebeu-a generoso ancião, em espaçoso recinto. Observando-lhe, porém, as lânguidas atitudes, o velhinho amorável sentenciou:

— Minha filha, não posso hoje dispor de muito tempo ao seu lado, pelo que espero manifeste seus propósitos sem delongas.

Estupefata ante o que ouvia, ela expôs suas mágoas e desilusões, com lágrimas amargurosas. Supunha que após a morte do corpo não houvesse trabalho. Estava confundida em angustioso abatimento. Sorriu o ancião benévolo e acrescentou:

— Essas fantasias são neblinas no céu dos pensamentos. Esqueça-as, bondosa menina. Não se gaste em referências pessoais.

E entremostrando preocupação de serviço, concluía:

— Por não termos descanso para hoje, gostaria dissesse em que lhe posso ser útil.

Desapontada, lembrou a jovem a bondade de Eliezer e explicou o desejo de encontrá-lo.

O velhinho pensou alguns momentos e esclareceu:

— Não disponho de auxiliares que possam ajudá-la, mas posso orientá-la quanto à direção que precisa tomar.

Colocada a caminho, Cecília Montalvão viu-se perseguida de elementos inferiores; figuras repugnantes apresentavam-se-lhe na estrada, perguntando pelas regiões de repouso. Depois de emoções amargas, chegou à antiga residência, onde os familiares não lhe perceberam a nova forma. Ia retirar-se em pranto, quando viu alguém sair da cozinha num halo de luz. Era o generoso Eliezer que a ela se dirigia com sorriso afetuoso. Cecília caiu-lhe nos braços fraternais e queixou-se, lacrimosa:

— Ah! meu venerando amigo, estou abandonada de todos. Compadecei-vos de mim!... Guiai-me, por caridade, aos caminhos da paz!...

— Acalma-te — murmurou o benfeitor plácido e gentil —, hoje estou bastante ocupado; entretanto, aconselho-te a orar fervorosamente, renovando resoluções.

— Ocupado? — bradou a jovem, desesperada. — Não sois instrutor na revelação espiritual?

— Sim, sim, de dias a dias coopero no serviço das Verdades divinas, mas tenho outras responsabilidades a atender.

— E que tereis no dia de hoje, em caráter tão imperativo, abandonando-me também à maneira dos outros? — interrogou a recém-desencarnada revelando funda revolta.

— Devo auxiliar tua mãezinha nos encargos domésticos — ajuntou Eliezer brandamente —, logo mais tenho serviço junto a irmãos nossos. Não te recordas do tintureiro da esquina próxima? Preciso contribuir no tratamento da filha, que se feriu no trabalho, ontem à noite, por excesso de fadiga no ganha-pão. Lembras-te do nosso Natércio, o pedreiro? O pobrezinho caiu hoje de grande altura, machucou-se bastante e aguarda-me no hospital.

A interlocutora estava envergonhada. Somente agora se reconhecia vítima de si mesma.

— Não poderíeis localizar-me aqui, auxiliando a mamãe? — perguntou suplicante.

— É impossível, por enquanto — esclareceu o amigo solícito —, só podemos cooperar com êxito no trabalho para cuja execução nos preparamos devidamente. A preocupação de fugir aos espanadores e caçarolas tornou-te inapta ao concurso eficiente. Estiveste mais de 25 anos terrestres, nesta casa, e teimaste em não compreender a laboriosa tarefa da genitora. Não é possível que te habilites a ombrear com ela no trabalho, de um instante para outro.

A jovem compreendeu o alcance da observação e chorou amargamente. Abraçou-a Eliezer, com ternura fraternal, e falou:

— Procura o conforto da prece. Não eras tão amiga de Teresa? Esqueceste-a? Essa grande servidora de Jesus tem a seu cargo numerosas tarefas. Se puder, não te deixará sem a luz do serviço.

Cecília ouviu o conselho e orou como nunca havia feito. Lágrimas quentes lavavam-lhe o rosto entristecido. Incoercível força de atração requisitou-a a imenso núcleo de atividade espiritual, região essa, porém, que conseguiu atingir somente após dificuldades e obstáculos oriundos da influenciação de seres inferiores, identificados com as sombras que lhe envolviam o coração.

Em lugar de maravilhosos encantos naturais, a ex-religiosa de Espanha recebeu-a generosamente. Ante as angustiosas comoções que paralisavam a voz da recém-chegada, a servidora do Cristo esclareceu amorável:

— Nossas oficinas de trabalho estão hoje grandemente sobrecarregadas de compromissos; mas as tuas preces me tocaram o coração. Conforme vês, Cecília, depois de abandonares a oportunidade de realização divina, que o mundo te oferecia, só encontraste, sem deveres, as criaturas infernais. Onde haja noção do Bem e da Verdade, há imensas tarefas a realizar.

Vendo que a jovem soluçava, continuou:

— Estás cansada e abatida, enquanto os que trabalham no bem se envolvem no manto generoso da paz, mesmo nas esferas mais rudes do globo terrestre. Pedes medicamento para teus males e recurso contra tentações; no entanto, para ambos os casos eu somente poderia aconselhar o remédio do trabalho. Não aquele que apenas saiba receitar obrigações para outrem, ou que objetive remunerações e vantagens isoladas; mas o trabalho sentido e vivido dentro de ti mesma. Este é o guia na descoberta de nossas possibilidades divinas, no processo evolutivo do aperfeiçoamento universal. Nele, Cecília, a alma edifica a própria casa, cria valores para a ascensão sublime. Andaste enganada no mundo quando julgavas que o serviço fosse obrigação exclusiva dos homens. Ele é apanágio de todas as criaturas, terrestres e celestes. A verdadeira fé não te poderia ensinar tal fantasia. Sempre te ouvi as orações; no entanto, nunca abriste o espírito às minhas respostas fraternais. Ninguém vive aqui em beatitude descuidosa, quando tantas almas heroicas sofrem e lutam nobremente na Terra.

Enquanto a voz da generosa serva do Evangelho fazia uma pausa, Cecília ajuntou de mãos postas:

— Benfeitora amada, concedei-me lugar entre aqueles que cooperam convosco!...

Teresa, sinceramente comovida, esclareceu com bondade:

— Os quadros de meus serviços estão completos, mas tenho uma oportunidade a oferecer-te. Requisitam minha atenção num velho asilo de loucos, na Espanha. Desejas ajudar-me ali?

Cecília não cabia em si de gratidão e júbilo.

E, naquele mesmo dia, voltava à Terra com obrigações espirituais, convicta de que, auxiliando os desequilibrados, havia de encontrar o próprio equilíbrio.

~ 21 ~
A moléstia salvadora

Voltara Antonino Tinoco da reunião habitual; entretanto, a palavra amorosa e sábia dos amigos espirituais não lhe aliviara o coração atormentado, como sucedia de outras vezes. Generosas entidades lhe falaram ao íntimo, da beleza da consciência pura, exalçando a felicidade no dever cumprido, e, contudo, parecia agora inabilitado à compreensão.

Aquele vulto de mulher ocupava-lhe a mente, como se fosse uma obcecação doentia. Não lhe dera Deus o lar honesto, o afeto caricioso da companheira e dos filhinhos? Que lhe faltava ao coração? Agora, sentia-se quase sem forças. Conhecera-a numa festa elegante, íntima. Recordava nitidamente o instante em que se cumprimentaram pela primeira vez. Não tencionava dançar, mas alguém insistira, apresentando-lhe Gildete. Entendeu-lhe de pronto o temperamento original. Conversaram envolvidos em simpatia franca, embalados em sons musicais, dentro da noite linda, sob árvores tranquilas e balouçadas de vento descuidoso.

A história de Gildete comovera-o, e os dias enlaçaram ambos cada vez mais, em repetidos encontros.

Não valeram explicações, advertências e conselhos de sua parte. Abandonara-se-lhe a jovem teimosamente, enredando-o em maravilhosa teia de seduções. Contara-lhe complicado romance de sua vida, que Antonino aceitou com a boa-fé que lhe caracterizava o espírito fraternal. Gildete, no entanto, vinha de mais longe. Espírito envenenado de aventuras inconfessáveis presumia em Tinoco outra presa fácil.

A princípio, encontravam-se duas vezes por semana, como bons amigos plenamente identificados entre si; mas a gentileza excessiva embebedara-o, devagarinho, e não se sentiu surpreendido quando entraram a falar de atração, desejos, amor. A partir dessa noite, tornara-se mais assíduo e interessado.

De quando em quando, advertia-o a consciência nos recessos do ser. Seria crível que, integrado no conhecimento de sublimes revelações espirituais, se entregasse inerme a condenáveis aventuras, quando assumira sagrados compromissos de família? Por vezes, acentuava-se-lhe o impulso de resistência, beijava ardentemente os filhinhos, alegrava a esposa, renovando delicadezas cariciosas; subitamente, porém, lembrava a outra e, qual animalzinho magnetizado, inventava pretextos para ausentar-se.

Gildete obcecara-o. Cada noite, lia-lhe novas páginas de ternura, que afirmava escritas somente para ele, na soledade do coração. Dirigia-lhe olhares súplices, lacrimosos, tímidos, de criança ingênua, e que Tinoco interpretava como carícias de primeiro e único amor. Em vão tentava referir-se à dedicação platônica que lhe competia, aos sagrados compromissos que o prendiam. A sereia destacava sempre novas possibilidades e descobria diferentes caminhos para satisfação dos criminosos desejos. Antonino escutava-lhe os apelos, sob emoções fortes, devorando cigarros avidamente. Em determinadas ocasiões, cedera quase. Mas no instante preciso, quando a perigosa criatura se julgava triunfante na batalha oculta, algo lhe ocorria ao espírito bem-intencionado, impedindo a total rendição. Eram lembranças vagas dos filhos queridos, recordações de gestos amorosos da companheira; outras vezes, parecia-lhe escutar de novo as preleções evangélicas das reuniões espiritistas que costumava frequentar periodicamente. Gildete exasperava-se, sentindo-se espicaçada pela vaidade ferida.

Mais de um ano decorrera, no qual Antonino perdera energias e tranquilidade. Emagrecera. Nunca mais se lhe observara o olhar sereno de outros tempos. Ele próprio não sabia explicar a causa de sua resistência moral, ante a situação complicada e indefinida.

É que o abnegado Omar, velho companheiro de existências transcorridas, seguia-o espiritualmente de há muitos séculos e permanecia vigilante. À tirania da mulher inconsciente sobrepunha-se uma influência superior. Se Gildete emitia conceitos tendentes a desintegrar o caráter de Antonino, oferecia-lhe Omar pensamentos nobres. A imaginação do rapaz convertera-se em campo raso de luta.

Naquela noite, todavia, Tinoco revelava-se mais fraco. Era-lhe quase impossível resistir por mais tempo. Debalde aproximou-se o benfeitor trazendo-lhe socorro. Cérebro escaldando, Antonino refletia: não via tantos amigos, aparentemente respeitáveis, sustentando episódios afetivos longe do lar? Possuindo recursos financeiros para atender às suas obrigações, como deixar Gildete em abandono? Afinal, não seria generosidade amparar uma criatura sem arrimo e sem família? O nosso Antonino aproximava-se da capitulação integral.

Preocupado, nervoso, esperou o dia imediato e, à noite, procurou ansiosamente a perigosa diva.

Depois de trivialidades usuais, penetraram o terreno das considerações afetivas. Gildete parecia-lhe mais sedutora que nunca.

— O dever é cruz bem pesada — suspirou ele com amargura.

— Mas não se trata de fugir ao dever — tentou ela esclarecer sutilmente —, longe de mim a ideia de comprometer teu nome, arruinar tua paz doméstica. Não achas, porém, que também eu tenho direito à vida? Sou o faminto atormentado, junto ao celeiro rico de afetos. Teus escrúpulos são naturais e respeitáveis, e sou a primeira a louvar a nobreza do teu proceder; entretanto, não podes desconhecer minha condição de mendigo batendo-te à porta. Há quanto tempo suplico migalhas de amor que te sobram no lar? Encontrando-te, supus-me ao lado do príncipe real das aspirações que sempre me acompanharam a vida e os pensamentos. Nossa primeira noite de baile pareceu-me a entrada em paraísos maravilhosos. Guardei a impressão de que tua voz chegava de longe, do país delicioso do sonho... Depois, Antonino, informei-me da tua vida. Estavas preso a outra, eras pai de filhinhos que não são meus. A realidade encheu-me de sombras e, não obstante a sorte adversa, nunca desanimei. Amo-te com ardor sempre novo, esperando-te ansiosa.

E porque o rapaz lhe guardava as mãos entre as dele, a revelar carinho, Gildete tinha os olhos úmidos, brilhando à luz cariciosa e discreta, e continuava:

— Não exijo que sacrifiques teus deveres, não desejo te transformes em marido execrado, mas suplico a migalha de afeto, algo que alivie os pesares imensos desta minha solidão angustiosa...

A essa altura, desfez-se em pranto convulsivo, que Tinoco procurava estancar carinhosamente. Abraçando-a, comovido, renovou protestos amorosos e tudo prometeu, decidido a todas as consequências:

— Não chores assim; deves saber que vives comigo em toda a parte, no coração e no pensamento. Ouve, Gildete! Iremos amanhã para Petrópolis, organizaremos nossa vida. Não posso desprezar a família, mas passarei a manter o lar e o ninho, a mãe de meus filhos e a companheira ideal.

A pérfida criatura exibia gestos de felicidade imensa.

Depois de venturosos votos muitas vezes renovados, separaram-se com a promessa de união definitiva, para o dia seguinte.

Nessa noite, todavia, enquanto Tinoco tentava a custo conciliar o sono, absorvido em projetos de voluptuosa exaltação, Omar, aflito, trazia um nobre amigo da Espiritualidade, mais experiente que ele próprio, a fim de opinar na difícil conjuntura.

Anacleto, o venerando guia, examinou Antonino atentamente, meneou a cabeça e esclareceu:

— Toda a zona mental está invadida de larvas venenosas. As zonas de receptividade permanecem fechadas à influenciação superior. Teu protegido está absolutamente hipnotizado pela mulher que lhe armou o laço de mel.

Abismando-se Omar em amargurosa tristeza, Anacleto explicou:

— Só há um meio de salvá-lo.

— Qual? — perguntou o generoso amigo.

— A enfermidade grave e longa, algo que, abalando-o nos recessos da personalidade, lhe esgote o terrível conteúdo psíquico.

Trocaram ideias durante alguns minutos e, voltando Anacleto à Esfera Superior, podia-se ver Omar em agitação intensa.

Alta madrugada, Tinoco despertou de breve sono, experimentando dores agudas. Levantou-se, mas as cólicas e vômitos incoercíveis obrigaram-no a deitar-se novamente.

A esposa abnegada, depois de mobilizar os recursos possíveis, telefonou inquieta ao médico da casa. O facultativo atendeu prontamente. Após minucioso exame, prescreveu banhos quentes e injeções intravenosas de água salgada. Ao despedir-se, falou à Sra. Tinoco em caráter confidencial:

— O caso é muito grave. Tenho a perfeita impressão da cólera *morbus*. A fraqueza, a algidez, os vômitos e contrações são sintomáticos. Voltarei mais tarde para colher elementos necessários ao exame bacteriológico.

Mal clareava o dia e Antonino já apresentava lividez cadavérica.

O dia correu entre inquietudes angustiosas. À noite apareceu Gildete, acompanhada de amigos, para visita aparentemente sem significação. Acercando-se do leito, não dissimulou a surpresa profunda ao ver Antonino palidíssimo, ofegante, aguilhoado de cólicas dolorosas.

Não obstante as pesquisas de laboratório e renovação de tratamento, Tinoco piorava dia a dia.

Acabrunhado e lacrimoso, na fase culminante do sofrimento, suplicou a presença da mãezinha querida, que desencarnara dois anos antes. Evocado com veemência, o Espírito materno não se fez demorado. Reconhecendo-lhe os padecimentos rudes, a velhinha venerável abraçava-o, rezando. Nesse instante, aproximou-se Omar e lhe falou entre enérgico e compassivo:

— Minha irmã, não implore a Deus providências favoráveis à saúde de seu filho.

— Oh! generoso amigo — objetou emocionada —, acaso não sou mãe afetuosa? Como poderia ver meu filho atormentado, sem rogar a Deus lhe devolva o equilíbrio indispensável à vida?

— Sim, você foi mãe dele por 35 anos, mas eu estou em serviço ativo pela saúde espiritual de Antonino há mais de quinze séculos. A moléstia não o abandonará até que se anulem os perigos. Enquanto há condensação de vapores, a nuvem não desaparece do céu.

De fato, somente depois de onze meses voltava Tinoco do consultório, fisionomia radiante, ao lado da esposa carinhosa. O médico afirmara, abraçando-o:

— Você deve orgulhar-se do organismo que possui. A princípio, alarmei-me com os sintomas da cólera; todavia, embora lhe descobrisse a forma benigna, eram tantas as complicações que cheguei a duvidar da sua resistência. Na verdade, a natureza o dotou de reservas vigorosas.

Tinoco, restabelecido, não sabia como agradecer a Deus a bênção da harmonia orgânica, e quando, mais tarde, perguntou por Gildete, soube que a perigosa mulher residia em Madureira, ligada a outro homem. Só então compreendeu que, se o amor é capaz de todos os sacrifícios, o desejo costuma extinguir-se ao primeiro sinal de falência orgânica, ou de mocidade evanescente.

22
O remédio à preguiça

Assim que Januário Pedroso encontrou a brecha desejada, empenhou relações prestigiosas, multiplicou empenhos, mobilizou a parentela e enfileirou-se no serviço público, desfrutando um título respeitável. Na grande transformação ministerial que lhe oferecera a oportunidade, coube-lhe atribuições de ordem técnica, interessante à vasta região do país, onde lhe competia orientar o trabalho de pecuários e lavradores. Entretanto, ao ver-se revestido de autoridade e lendo seu nome nas tabelas de pagamento do jornal oficioso, voltou à inércia de outros tempos, de que saíra tão só por conjugar o verbo pedir.

Não era mau companheiro o Pedroso, mas, em matéria de serviço, era de uma negação absoluta. Assinava o livro de ponto regularmente, sentava-se à mesa de trabalho rodeado de documentos e fichários volumosos; todavia, se o superior hierárquico tardava em aparecer, ele se erguia vagaroso, mãos nos bolsos, e procurava o primeiro colega em disponibilidade para conversações ociosas. Visitava as diversas seções de serviço, criticava os que trabalhassem, distribuía anedotas insossas, e, quando o chefe se instalava no gabinete, retomava o lugar, de mãos ocupadas e cérebro vazio.

— Januário, poderá informar-me o que há com o processo de construção do Parque Avícola? — indagava o diretor, preocupado.

— Aqueles papéis que me entregou no mês passado para guardar? — respondia o funcionário pausadamente, em longa frase, complicando o assunto em vez de explicá-lo.

— Sim, sim, mas não lhe dei para arquivar, e sim para informar.

Pedroso fungava ruidosamente, movimentava a mão pesada no monte de documentos, espraiava o olhar preguiçoso e, muito depois, no segundo expediente, aproximava-se do chefe e esclarecia:

— Eis aqui o processo; no entanto, precisa ser selado.

O diretor fixava-o entre a piedade e a impaciência, e dizia:

— Pedroso, não ignoro a falta dos selos e creio que, ao lhe confiar o trabalho, referi-me à providência.

— Sim, senhor.

Com estas duas palavras, voltava à mesa e a papelada continuava a esperar solução.

No dia imediato, encontrando-se ambos a sós, o diretor tomava a palavra com benevolência:

— Você, Januário, necessita despertar na profissão escolhida. É moço, inteligente, culto; contudo, faltam-lhe iniciativa e diligência. Não se comove, porventura, ante a perspectiva de serviços que nos requisitam esforço? Anime-se, mobilize energias. Dê andamento aos processos, procure interessar-se pelo trabalho ativo. Deve compreender que não estamos aqui para cruzar os braços ou deixar que as circunstâncias nos governem.

O rapaz baixava a cabeça e respondia:

— Sim, senhor.

Ante o silêncio e a humildade postiça, rematava o diretor generosamente:

— Pois bem; vamos então pensar e trabalhar. Traga-me a relação dos núcleos pecuários do Norte.

Daí a pouco, Pedroso vinha dizer que a relação estava incompleta.

Quando ouvia advertências diretas do superior, o funcionário mostrava-se tímido, no íntimo, porém, andava cheio de considerações tendentes à rebeldia. Que era o serviço público, em seu modo de ver, senão o lugar do menor esforço? Achava-se garantido pelo decreto de nomeação. Não poderia ser alijado sem rumoroso processo administrativo e recebia, por isso, as advertências da chefia sem maior preocupação. Concitado energicamente ao dever, curvava-se cuidadoso e prosseguia nos velhos hábitos.

Compreendendo a dificuldade, o superior resolveu observar-lhe as possibilidades de outro modo e enviou-o à zona do Norte, conferindo-lhe honrosas responsabilidades no fomento da produção agrícola e pecuária. Pedroso demorou-se mais de um ano sem dar notícias de suas atividades.

Impressionado, o chefe chama-o à sede dos trabalhos.

— Então, Januário? diga-nos alguma coisa. Que fez neste ano de tarefas novas? — perguntou bem-humorado.

— Não foi possível realizar coisa alguma — replicou o funcionário preguiçoso —, a região é muito seca.

Sorriu o chefe paciente e explicou:

— Mudará, então, de zona: designá-lo-ei para serviços no Sul.

E assim foi. Decorrido, porém, um ano, voltou o subordinado informando que o Sul não lhe oferecera elementos adequados. O chefe tolerante exclamou, antecipando-se às justificativas:

— Compreendo. Se você encontrou tanta seca no Norte, certo foi surpreendido por água excessiva no Sul; todavia, poderei mudar sua rota. Irá agora para Oeste.

O funcionário obedeceu, mas, decorridos oito meses, regressava declarando que o Oeste não passava de florestas selvagens.

Nova designação para Leste. No entanto, após dois anos em que Pedroso apenas remetia notificação telegráfica de ponto, para efeito do pagamento mensal, voltava à sede, alegando que nada pudera fazer, devido às derrubadas extensas e ao espírito ruralista da região, refratário aos métodos modernos de agricultura e criação animal.

O superior olhou-o, consternado, e assentou com resignação:

— Vá ficando por aqui mesmo...

Não queria o subordinado outra coisa, e a velha vidinha continuou entre processos por despachar e obrigações por atender. Concluiu o diretor que Pedroso era impermeável a conselhos e esclarecimentos, e, conformado, passou a considerá-lo um mal irremediável na repartição confiada à sua guarda.

O tempo correu e Januário sempre se manteve no mesmo lugar. Se lhe perguntassem quanto a preferências na vida, talvez respondesse que, acima de tudo, apreciava comer e dormir.

A morte do corpo foi encontrá-lo nessa atitude de inércia incompreensível. Atirado, então, a verdadeiro torvelinho de necessidades espirituais, em vão buscava esclarecimento nas rodas de serviço, nas quais permaneciam velhos companheiros.

À maneira do idiota que acordasse subitamente, ignorando o verdadeiro caminho para compreensão de si próprio, queria explicações e conselhos. Agora, porém, os amigos da Terra não lhe percebiam a presença e estavam muito ocupados para recordá-lo com intercessões espontâneas. Debalde chamou, suplicou, insistiu e não poucos anos gastou na ansiedade penosa.

Somente muito mais tarde, colhido na desesperação, por entidades caridosas, foi conduzido à presença de antigo orientador espiritual em condições de prestar-lhe ajuda eficiente. Enfrentando o generoso trabalhador da Espiritualidade, queixou-se ruidosamente, exteriorizando as mágoas íntimas.

— Não necessita expor tão minuciosas explicações — exclamou o sábio mentor —, não é você Januário Pedroso, antigo servidor de tarefas rurais no planeta?

— Pois quê? Conhecem-me aqui? — indagou boquiaberto.

— Esperava-o há muito tempo — tornou o benfeitor — e pode crer que demorou no caminho, porque desejava ainda escorar-se nos amigos encarnados, mesmo depois da transição da morte.

Enumerou Januário as dificuldades, em pranto copioso. Sentia-se desventurado, sem a dedicação de ninguém. Implorou, ansioso, a renovação da experiência terrestre. Queria trabalhar, entendia agora o valor do espírito de serviço. O instrutor, porém, depois de ouvi-lo, tolerante, esclareceu serenamente:

— De suas anotações, em meu poder, não consta motivo para tantas lágrimas, e sim apontamentos convidando a reflexões muito sérias, de sua parte. A permanência no mundo não lhe foi senão longa série de repousos, sestas, licenças, férias, abonos. Poltronas e leitos instruem a história da sua última encarnação.

Assombrado, o ex-funcionário objetou:

— Mas eu trabalhava no serviço público.

— Tal circunstância lhe agrava a situação. Se houvesse lesado alguém, na esfera particular, a intercessão e a tolerância facilitariam a solução dos seus problemas; todavia, você é obrigado a prestar contas à coletividade, destacando-se uma classe inteira, sobre a qual sua vida pesou como parasita indesejável.

— Não poderei, entretanto, voltar à Terra, para retificar meus erros? Será crível que se me fechem as portas da renovação?

— Sim, suas lágrimas de arrependimento são dolorosas e sinceras. Não ficará sem recursos.

— Ah! graças a Deus! — falou o mísero. — Regressarei ao mundo, voltarei à minha repartição, compreenderei, agora, os meus companheiros!...

— Isto é que não — explicou o mentor com serenidade —, na Terra a senha ainda é: "contra a preguiça, diligência". Agora, porém, não estamos na esfera do globo. Você está enfermo e precisa remédio. A senha há de ser diferente...

— Como? — interrogou o infeliz, aterrado.

O orientador magnânimo dirigiu-lhe significativo olhar e perguntou:

— Que indicava você, na qualidade de servidor do campo, quando o fogo invadia a pastagem?

Pedroso, embora intrigado, respondeu:

— Aconselhava o contrafogo.

O generoso amigo esboçou um gesto de bondade tranquila e esclareceu:

— Tenho de partir do mesmo princípio. A ociosidade invadiu sua vida. Contra a sua preguiça devo receitar a imobilidade. Para que aprenda a estimar o trabalho e a criar o sublime desejo de movimentação no mundo, você renascerá paralítico.

~ 23 ~
A solução caridosa

Raros amigos seriam capazes de compreender a situação de Joaquim Finisterra, homem dos mais pacientes e conformados do mundo. Pai de sete filhos, rapazes e moças folgazões, Finisterra não encontrava apoio moral nem auxílio material em nenhum deles.

Envergando a roupa surrada de todo dia, engraxando ele mesmo os sapatos, nunca se lhe notava mudança na atitude serena e resignada. Recebia o ordenado mensal de mil e quinhentos cruzeiros, em funções administrativas no escritório de empresa importante, e o salário se evaporava em casa, como pólvora atirada ao fogo.

Não fossem as consolações do Espiritismo Cristão, talvez o nosso homem não resistisse. A família nunca lhe aceitara de bom grado as tendências espiritualistas. Entre ela e ele havia singular abismo de incompreensão. Não que Finisterra fosse insensível ou indiferente. Não. O velho transbordava de renúncia e dedicação a todos; desfazia-se em carinho paternal; entretanto, caráter nobre e sincero, não podia aprovar a irreflexão dos filhos na vida social. Nenhum se dispunha ao trabalho encarando responsabilidades e compromissos. Passavam o dia no leito, pálidos e esgotados, mas à noite, invariavelmente, ostentavam trajes do último figurino, compareciam às festas elegantes, cassinos e pontos chiques. Alta madrugada regressavam embriagados, ou cansadíssimos.

A princípio, Finisterra tudo fez no louvável intuito de remediar a situação, procurando impor-se pela ternura e autoridade; todavia, a esposa, dona Mariana, comprometia esse trabalho com a sua feição de mãe ignorante, embora profundamente afetiva.

Se o progenitor concitava os rapazes a lhe ouvirem conselhos, surgia-lhe a mulher pela frente, bradando nervosa:

— Cala-te Joaquim! Não tens vergonha de advertir nossos filhos dessa forma? Que fizeram os meninos? Toda esta tempestade porque não voltaram ontem mais cedo? E se eu quisesse contar quanto já sofri neste mundo por tua causa?

— Ora, Mariana — volvia ele serenamente —, sou pai e não desejaria transformar-me em carrasco dos filhos. Falo-lhes por amor, procurando integrá-los na esfera dos homens de bem.

A Sra. Finisterra, porém, antes que o marido ampliasse o ponto de vista, atalhava furiosa:

— Já sei. Homens de bem, no teu conceito, são burros de carga que aguentam com o fardo alheio. Meus filhos não terão esse destino. Que vivas na escravidão do trabalho, vá lá! Estamos velhos e inúteis. Os meninos, porém, não nasceram cativos. Hão de viver como bem quiserem, e para isso tenho meus braços fortes, caso te negues ao pão de cada dia.

As duas moças abraçavam-na com ares triunfais, os rapazes sorriam vitoriosos.

Joaquim fixava a cena doméstica de olhos úmidos, e compreendia a inutilidade de qualquer discussão. Dilatar o atrito seria tomar o vagão do escândalo e, por esse motivo, recolhia-se ao quarto, a manusear velhos livros ou renovando a Deus o pedido de socorro espiritual.

No princípio de cada mês, as contas enormes choviam em casa. Lojas e armazéns apresentavam débitos quase fantásticos.

Recebia Finisterra o salário e entregava-o pontualmente à mulher. Frequentemente, contudo, dona Mariana reclamava:

— Joaquim, com estes pobres vinténs acabaremos nas casas de prego. Por que não te mexes? É preciso encarar o futuro. Parece incrível que um chefe de escritório ganhe esta miséria. Procura o diretor-geral, expõe-lhe nossa situação, do contrário eu mesma assumirei a responsabilidade dessa iniciativa. Este mês o dinheiro não chegou para satisfazer às necessidades mais prementes. Preciso mais novecentos cruzeiros.

— Não tenho — explicava o marido sacrificado.

— Lança novo empréstimo. Devo pagar antes de domingo os vestidos de Helena e Albertina.

Finisterra, mobilizando os sentimentos mais justos, ponderava receoso:

— Não tenho dúvida em pedir nova quantia ao meu procurador; mas tu não achas razoável que as meninas se coloquem dignamente? Há concursos valiosos para os ministérios públicos e, ainda que elas não alcançassem remunerações compensadoras, ganhariam algo para auxiliar-me no elevado padrão de vida que defrontamos atualmente.

A palavra de Joaquim, de inflexão carinhosa que a caracterizava, era de esclarecer o coração mais inculto; no entanto, a companheira replicava colérica:

— Nossas filhas no serviço? Nunca! Sempre foste pai desnaturado e indiferente. Como se haverão as pobrezinhas em face das exigências descabidas do serviço público? Esqueces que o pai é responsável pelo sustento dos filhos?

— Não é isto — explicava Finisterra calmamente —, trata-se de providência lógica no mecanismo doméstico. Na juventude não trabalhamos por auxiliar os pais devotados e generosos? Em que nos tornamos menos dignos? O trabalho nobilita sempre, aproximando-nos de Deus.

Dona Mariana desfechava-lhe um olhar de feroz egoísmo e rematava:

— Essas teorias são tuas, reflexo do teu Espiritismo inconsequente. Não reduzirei meus filhos à condição de animais de carga.

Argumentos do esposo tornavam-se inúteis. A companheira comentava o assunto, desabridamente, com os filhos. Na semana que Finisterra conversasse sobre trabalho, choviam ditérios, zombarias, observações ásperas e ingratas.

O tempo não remediava a situação, antes agravava os problemas. Os rapazes tornavam-se mais vadios, as jovens mais ociosas. Ao atingir 65 anos, apresentava-se Joaquim tão recurvado, tão encanecido que aparentava mais de um século de idade.

Foi nessa altura que os negócios da família se complicaram ao extremo. Atirados ao jogo de azar, os rapazes consumiam somas consideráveis, drenadas do bolso paterno pela falsa ternura maternal. Completamente bloqueado de dívidas vultosas, Finisterra não pôde recorrer a novos empréstimos para atender aos caprichos da esposa e aos desmandos dos filhos. Multiplicavam-se atritos, discussões e queixas amargas.

Quando a tormenta doméstica atingiu o ponto culminante, com a insolência de cobradores exigentes e atrevidos, à porta, dona Mariana procurou o refúgio da oração, na noite que lhe pareceu mais cruel.

— Oh! meu Deus — clamava a infeliz —, por que nos esquecestes em vossa Infinita Bondade?

E, mãe cega pelo próprio egoísmo, continuava:

— Meus filhos sofrem injustiças, são feridos pelo destino humilhante. Acolhei minhas súplicas! Ajudai-me a levantar as energias do meu desventurado esposo, vencido e desanimado deste mundo! Inspirai a seus chefes que lhe aumentem o ordenado miserável!... Estou cansada de exigências, Senhor! Dignai-vos ajudar-me o coração aflito de mãe, não me abandoneis! Tende piedade de meus filhos, de meus pobres filhinhos!...

Embargada de lágrimas, soluçou baixinho, terrivelmente desalentada. Não viu, porém, a forma luminosa que a abraçou de leve, em sinal de assistência e carinho.

A prece de dona Mariana fora ouvida.

Henrique, dedicado amigo de outras eras, que sempre tentava auxiliá-la inutilmente, depois de ungir-lhe o coração de brandas esperanças, reuniu nessa noite as entidades generosas, cooperadoras assíduas a favor da paz dos Finisterra, e explicou delicadamente:

— Meus irmãos, a súplica de nossa amiga comoveu-me fundamente. Precisamos auxiliá-la de forma decisiva. Creio que a solução caridosa e justa será chamarmos o nosso Joaquim à vida espiritual. Roguemos ao Senhor a permissão de romper os laços frágeis que o retêm nas esferas do planeta. Subtraindo-o ao lar, a esposa e os filhos abrirão as portas de receptividade à inspiração superior, curando-se-lhes a cegueira. Vejo na medida a única providência aconselhável.

Ninguém divergiu do alvitre valioso e a amorosa assembleia, após sincera súplica, foi atendida no propósito de libertar o velho companheiro.

Com efeito, dentro de quatro dias Joaquim Finisterra desencarnava repentinamente num ataque de angina.

Somente nessa hora, reconheceu a família quem era aquele velhinho recurvado, de fisionomia inalterável.

Dona Mariana lamentava estentoricamente a perda irremediável, os filhos soluçavam de dor.

Entretanto, semanas depois, vizinhos e amigos notaram a tirânica Sra. Finisterra exprimindo-se em gestos nobres e humildes, pela primeira vez, e quando recebeu o prêmio de seguro deixado por Joaquim, cada filho se encontrava no serviço honesto, consagrando o dia ao suor do trabalho digno, e a noite ao repouso da bênção familiar.

~ 24 ~
A estranha indicação

A moléstia de Acácio Garcia desafiava todos os métodos de cura. Andava o rapaz desalentado, abatido. Estampava-se-lhe no semblante dolorosa melancolia, que parecia irremediável. Não obstante as convicções espiritistas da família, a situação agravava-se dia a dia. Filho de negociante abastado, não tivera o aguilhão da necessidade a lhe desenvolver amplamente os recursos próprios. Crescera cumulado de mimos, sem a necessária experiência da vida, e nessa circunstância radicava o agente principal de seu desânimo.

Debalde inventavam os progenitores carinhosos viagens, passeios, diversões.

Segregado voluntariamente no quarto, vivia o enfermo a protestar contra o destino e a maldizer o mundo inteiro. Tudo lhe enfarava o espírito voluntarioso. Nos dias secos, preferia a umidade e, às refeições, reclamava pratos esquecidos da cozinheira.

Havia dez anos que se manifestara o primeiro sinal da enfermidade estranha.

Acácio, entretanto, não revelava lesão alguma. Examinado por vários médicos, de todos recebera advertências animadoras e os pais chegavam a reconhecer que os facultativos prescreviam medicação mais por gentileza que por necessidade. Referiam-se alguns a depressões nervosas, outros a sífilis hereditária. E o doente continuava cada vez pior, irritadiço e quase intolerável. Fechava portas com estrondo, esmurrava mesas à menor contrariedade.

Preocupadíssimos, os pais resolveram tornar ao tratamento psíquico, procurando, dessa vez, o velho Rodrigues, que se notabilizara como doutrinador eficiente, em conhecidas reuniões espiritistas. Iniciou-se a peregrinação diária, difícil e penosa. À noite, tornava-se preciso arrancar o doente de casa, a automóvel. Acácio chorava, debatia-se, resmungava. À custa de enorme esforço, sentava-se no recinto, ouvindo, silencioso, preleções evangélicas, ou dissertações mediúnicas.

Na primeira semana, o progenitor dirigiu-se ao orientador das sessões e explicou:

— Precisamos trabalhar a favor de meu filho. A meu ver, a enfermidade do Acácio resulta de tremenda obsessão.

E, passando a mão pela fronte em sinal de cansaço, acrescentava:

— Há dez anos que lutamos desesperadamente. Médicos, remédios, passes mediúnicos, distrações, sem falar na fortuna que esse tratamento constante me obriga a despender. Não concorda comigo, quanto à certeza de estarmos sob o assédio terrível de entidades inferiores? Com a moléstia do rapaz foi-se-nos a tranquilidade para sempre. Minha mulher não sabe a que atender e eu, de minha parte, sinto esgotar-se-me a resistência...

O velho Rodrigues, olhar comovido, esboçou um gesto de paciência, que lhe era característico, e rematou:

— O senhor tem razão. Submeterei o assunto aos nossos protetores. Intensificaremos a devida assistência e organizaremos sessões práticas, destinadas à doutrinação dos Espíritos perversos.

Contudo, se o bom velhinho começava a observar caso tão velho, a providência não era nova. Os Garcia, desde os primórdios da moléstia, percorriam agrupamentos espiritistas de vários matizes doutrinários. Ante a afirmativa de Rodrigues, porém, renovava-se a esperança dos pais carinhosos e amigos.

Acácio alimentava-se regularmente, dormia tranquilo, mas, chegada a manhã, explodiam descontentamentos e arrufos. À aproximação de quaisquer visitas, trancafiava-se no quarto e, à noite, desencadeava-se verdadeira batalha para reconduzi-lo à reunião habitual. De regresso a casa, apresentava sempre observações menos justas.

— Não ouviram a preleção sobre resistência espiritual? — indagava fazendo caretas — tudo aquilo era comigo; mas não sou nenhum ignorante e sei o que significa fortaleza moral. Aquele velho tolo nunca sofreu o que tenho experimentado, em doenças e dissabores. Tive ímpetos de atirar-lhe em rosto minhas represálias, fazendo-lhe compreender o seu verdadeiro lugar, entretanto...

A progenitora devotadíssima atalhava carinhosa:

— Oh! meu filho, as dissertações do Sr. Rodrigues destinam-se a todos nós. Não observaste que ele fala sob viva inspiração do Plano Superior? Não te entregues a exageros de sensibilidade.

— Exageros? — clamava o doente, sob forte exasperação — a senhora não conhece a vida. Como acreditar que um velho tão imbecil seja inspirado por forças divinas? Não suponha tal coisa: Rodrigues é bastante astucioso para abstrair-se dos interesses que o chumbam neste mundo e dar-se a contemplações do mundo invisível. Certamente conhece o que representa o capítulo dos lucros e multiplica advertências e encenações. Sou, porém, bastante precavido contra vigaristas fantasiados de apóstolos.

— Cale-se, meu filho! Você não sabe o que diz! — exclamava o progenitor em tom imperativo.

E, fazendo sinal à mulher, obrigava-a a retirar-se discretamente, liquidando a discussão.

De outras vezes, o rapaz interpelava a velha mãe, asperamente:

— Sabe a senhora por que motivo tanto falou papai em boas maneiras, durante o almoço?

Enquanto a progenitora se recobrava da surpresa, Acácio prosseguia:

— Aquilo era comigo, referia-se a mim! Acaso, falta-me educação? Isso é desaforo. Vivo doente, desanimado, e meu próprio pai busca pretextos para acusar-me de grosseirão. Fique a senhora sabendo que, tão logo melhore, sumirei de casa, darei sossego a todos.

A pobre mãe fixava nele os olhos úmidos e esclarecia:

— Por que tamanha suscetibilidade, meu filho? Teu pai é incapaz de fazer-te acusações. Juvêncio vive lendo livros educativos. Não terá direito de comentar conosco as valiosas observações dessas leituras?

O rapaz amuava-se, careteava e sumia no quarto, depois de bater com a porta fragorosamente.

Repetindo-se os trabalhos psíquicos sem resultados positivos, Rodrigues, muito bondoso, aconselhou voltassem ao médico.

Lera o Sr. Garcia, em jornal da véspera, a notícia de que a cidade fora honrada com a visita de notável psiquiatra. Sentiu-se esperançado e deliberou levar o filho a exame do famoso especialista. Na inércia de sempre, Acácio não conseguiu furtar-se ao desejo paterno. Entretanto, o médico, depois de meticulosa auscultação e rigoroso inquérito, definiu o caso em poucas palavras:

— Trata-se de esquizofrenia...

O pai do enfermo, apesar de certa cultura, não estava em dia com a terminologia científica e pediu explicações. O facultativo esclareceu que aludira à mais difícil das moléstias nervosas e mentais, referindo-se largamente à patologia da loucura e à neurologia, acrescentando, após inumeráveis citações:

— Estamos presentemente, no Brasil, com a cifra apavorante de mais de cem mil esquizofrênicos.

Retiraram-se os Garcia levando a receita cheia de complicadas indicações, mas, praticamente, sabiam tanto como ao penetrarem no hotel, o improvisado consultório do famoso psiquiatra.

Nada valeram medicamentos exóticos e injeções caríssimas.

Agravando-se a situação de Acácio, a família voltou ao grupo doutrinário. Como sempre, o velho Rodrigues permanecia no seu posto, atendendo na medida das possibilidades justas.

O enfermo, porém, saía das reuniões mais queixoso do que nunca. Amaldiçoava dissertações, recusava ensinamentos.

Numa das sessões, todavia, estava-lhe reservada bela surpresa. Quando menos o esperavam, surge um Espírito amigo, que se dirige ao doente em página comovedora. Assinava-se "Philopathos". Depois de aludir aos laços que os uniam, de um passado remoto, prosseguia:

— Lembra-te, Acácio, que recebeste oportunidade santa de trabalhar na Terra em benefício de ti mesmo. Faz-se indispensável não conceder tamanha importância às impressões nervosas. Levanta-te do torpor espiritual de tantos anos. Não te cansaste ainda dessa atmosfera de queixas, insulamento e enfermidade? Aprende a seguir o dia, cada vez que o dia ressurja! A vida é um cântico de trabalho e criação incessantes. Não te detenhas no túmulo das preocupações inferiores. Busca a convivência dos familiares, dos amigos, dos irmãos de luta, e, sobretudo, não deixes a confiança em Deus fora do coração, recordando que permaneceremos contigo.

A surpresa causou geral satisfação e, no entanto, o enfermo, apesar de profundamente tocado no íntimo, esforçava-se por manifestar as velhas contradições.

Em casa, Juvêncio Garcia, na qualidade de estudioso da etimologia, sentiu-se na obrigação de oferecer alguma definição do mensageiro, e acentuou:

— Deve tratar-se de entidade muito interessante. Philopathos quer dizer "amigo das doenças" ou "amigo dos doentes".

Os Garcia andavam exultantes, mas o teimoso Acácio repetia a cada momento:

— É preciso ver para crer e eu só poderia aceitar essa mensagem se me encontrasse com esse Espírito.

Entretanto, as manifestações do mensageiro continuaram noutras reuniões. O doente as recebia de pé atrás.

Decorridos alguns meses, quando a Sra. Garcia exaltava o ensinamento sempre novo das páginas recebidas do emissário solícito, o rapaz explodiu:

— Mas por que Philopathos não dá logo a indicação necessária à minha cura? Eu só queria encontrá-lo, para exigir que o fizesse. Se formula tantos conselhos, por que não formula os remédios de que careço há mais de onze anos?

Entretanto, para aumentar-lhe a surpresa, nessa mesma noite a entidade prometeu que se encontrariam pessoalmente ao primeiro ensejo, durante o sono.

E embora a má vontade e a preguiça mental, Acácio Garcia sonhou, após uma semana, que se encontrava junto do amigo, em esfera de grande atividade e beleza. Ante a luminosa auréola que cercava o benfeitor, não sabia explicar o imenso júbilo que o inundava. O generoso Espírito aproximou-se sorrindo, entregou-lhe um papel dobrado e explicou:

— Aqui tens a indicação necessária à tua cura, meu querido Acácio. Não a transmiti pelo médium, porque devia entregá-la quando nos encontrássemos a sós. Lê e compreende!...

Sumamente emocionado, o rapaz desdobrou o pequenino documento e leu maravilhado:

Indicação: — Dez horas de serviço ativo por dia. Muitas dificuldades e pouco dinheiro. Nuvens de preocupação e chuvas de suor.

Modo de usar. — Entregar-se ao trabalho de boa vontade, a fim de encontrar o tesouro do espírito de serviço. Encarar as dificuldades como instrutoras; aprender a alcançar muita espiritualidade com reduzidas possibilidades materiais. Aceitar as nuvens de preocupação e as chuvas de suor como elementos indispensáveis à sementeira e à colheita nas terras da vida.

Acácio, muito desapontado, não sabia que dizer, Philopathos, porém, abraçou-o e disse:

— Começa o tratamento hoje mesmo. A fim de criares coragem, inicia o esforço com algumas duchas geladas.

Nesse momento, o enfermo acordou; mas a frase "duchas geladas" lhe ressoava no cérebro. Saltou da cama animado de energia diferente, amanhecia. Maquinalmente, tomou a toalha de banho e saiu do quarto.

Surpreendendo aquele impulso, que não ocorria de há muitos anos, a velha progenitora acercou-se do rapaz e inquiriu aflita:

— Aonde vais, meu filho?

— Vou às duchas. Esta noite marcou meu encontro pessoal com Philopathos.

E desde esse dia Acácio foi outro homem.

~ 25 ~
Tragédia oculta

Nos derradeiros anos da existência, meu velho amigo Edmundo Figueiroa deixara-se absorver por incessante preocupação. Convencera-se da vizinhança da morte inelutável, desejava conformar-se, mas doía-lhe fundo a ideia de ficarem a esposa e duas filhas relegadas ao torvelinho das lutas materiais.

Acumulara fortuna sólida, esforçara-se anos e anos por amealhar recursos financeiros, com vistas ao porvir, e conseguira vencer nesse capítulo da experiência terrestre; entretanto, era demasiado sensível para manter-se calmo nas circunstâncias difíceis. Profundamente aferrado ao ambiente doméstico, não sabia como afastar-se da convivência familiar. A enfermidade longa dispusera-o a meditações graves e tristes, e embora a companheira fosse pródiga em gentilezas, Figueiroa permanecia intimamente exasperado.

De quando em vez, o velho Noronha, veterano espiritista daquele remoto vilarejo nortista, vinha visitá-lo, interessado em esclarecê-lo.

— Edmundo — dizia solícito —, você deve convencer-se de que a decadência orgânica é caminho indicado a nós todos, neste mundo. Mais tarde ou mais cedo, precisamos desfazer laços, retificar atitudes espirituais. Que é o corpo senão a veste mutável da criatura imortal?

O doente fitava-o atencioso e replicava firme:

— Compreendo a lei inelutável que nos rege os destinos; entretanto, o pai dedicado não poderia abandonar o reduto doméstico sem resistência. Se somos compelidos à defesa contra os ladrões, por que não combater a morte? Não será ela, porventura, o derradeiro ladrão a roubar-nos a vida? Não duvido que as transformações constituam fatalidades necessárias; todavia, mesmo em Espírito, continuarei ao lado de minha mulher e das filhas.

O Noronha sorria e explicava situações de Além-Túmulo, consoante as experiências de várias sessões de intercâmbio com o Invisível. Edmundo escutava e respondia:

— Suas opiniões confortam-me sobremaneira, mas, de qualquer forma, quando me desprender do corpo, velarei no ambiente doméstico, enquanto o Criador me renovar energias. Não me abandonarei ao desapego em circunstância alguma.

O Noronha percebia que a conversa não deveria continuar naquele tom lúgubre e ensaiava outros temas.

Dona Rosalina, a esposa de Edmundo, relativamente moça ainda, aproximava-se e a conversa tornava-se menos triste. Falavam então de política, de costumes, de esperanças no futuro.

Os cuidados da companheira, porém, não logravam dilatar a resistência orgânica do enfermo querido e chegou o dia em que Edmundo Figueiroa se transportou para a outra margem da vida, sem qualquer bagagem material, tal como viera ao encarnar.

O quadro doméstico, nessa emergência dolorosa, não podia eximir-se aos gemidos, lágrimas, protestos de eterno amor e saudade eterna. As coroas preciosas que rodeavam o cadáver davam, à cena, triste tonalidade de apoteose fulgurante. Ninguém se referia a Edmundo senão com palavras santas e gestos solenes. Lembravam suas virtudes, os exemplos de carinho e solidariedade. Até os velhos inimigos da política municipal descobriam-lhe qualidades superiores, até então ignoradas.

Pouco depois dos funerais, Figueiroa acordou tomado de surpresas angustiosas. Compreendeu, sem dificuldade, a transformação operada. Atingira outra modalidade de vida, a morte atirara-o a plagas diferentes, mas o apego ao lar era tamanho que não pôde ouvir amigos velhos e atentos, à sua espera. A retina espiritual não conseguia fixar a nova paisagem afetiva, e como Deus permite experimentarmos nossos caprichos até o fim, desde que nosso impulso não afete a ordenação da Obra divina, voltou Figueiroa imediatamente ao ninho inesquecível.

Espantado, surpreso, observou que ninguém dava conta de sua presença nos lugares queridos.

Era noite.

Sentou-se ao lado da esposa, que trajava então rigoroso luto, e fazia-lhe pedidos comoventes. Dona Rosalina, que tricotava tranquila, sentiu de repente a imaginação perturbada. Nada ouvia, mas sentia os pensamentos confusos, recordando o companheiro sob impulsos fortes. A certa altura, aumentaram as impressões psíquicas e ela gritou para o interior:

— Lilica! Lilica!...

Veio a filha mais velha, assustada, explicando-se a genitora aflita:

— Estou a lembrar-me excessivamente de teu pai... Tenho medo, muito medo!... Que será isto? E se Edmundo nos aparecesse?!...

— Que horror, mamãe!... — bradou a moça, muito pálida — tenho pavor do outro mundo!

Aproximou-se o pai, cheio de saudade, e quando lhe tomou as mãos esclarecendo que era o mesmo, que a morte do corpo não o transformara, a jovem alarmou-se e bradou:

— Sinto arrepios! estamos sós neste quarto... Vou chamar Titina e a empregada.

Saiu a correr, a fim de buscar a irmã e a cozinheira, e as horas restantes da noite registraram cenas penosas, no visível e no Invisível. Figueiroa desenvolveu o máximo esforço para acomodá-las devidamente, e, no entanto, cada gesto de carinho era retribuído com observações rudes e ingratas. Rezaram em voz alta, cantaram hinos religiosos. A criada chegou a tranquilizar a patroa, asseverando que, se o patrão aparecesse, teria coragem de mandá-lo para o inferno, e essa declaração sossegou dona Rosalina e as filhas, que se aquietaram devagarinho. Tão grande, todavia, foi o sofrimento moral de Edmundo que o desventurado se retirou a um recanto esquecido do quintal, para desabafar à vontade.

A luta, porém, começara e Figueiroa não era Espírito irresoluto. Longe de atender às inspirações que o bafejavam de Mais Alto, permaneceu firme no reduto doméstico. Dona Rosalina recorreu a missas, novenas e orações particulares. Contudo, cada noite lhe renovava os receios sem conta. Indignado com a situação, Edmundo insistiu energicamente, tentando senhorear o organismo da filha mais velha, ansioso de ministrar esclarecimentos à companheira. Mas a moça, exibindo singulares perturbações nervosas, apenas lhe assinalava a presença em gritos estentóricos:

— É meu pai, estou a vê-lo! Oh! Deus, tende piedade de nós!

E, olhar esgazeado de louca, prosseguia com acento impressionante:

— Ei-lo que chega!... Abraça-me, diz que não morreu... Tenho medo! Donde vens, papai? Não estás, porventura, com Deus? Ah! eu morro, eu morro!...

Dona Rosalina, aterrada, chama o médico, este ministra injeções violentas, aconselhando a internação em Casa de Saúde. Edmundo vê a oportunidade perdida. Nada mais conseguiu, senão prostrar a filhinha amada.

A situação complica-se cada vez mais. O médico, ativo, passou a frequentar-lhe a casa, e, quando soube que a viúva Figueiroa era proprietária de algumas centenas de milhar de cruzeiros, passou a fazer-lhe a corte escandalosamente.

Agravaram-se os padecimentos do atribulado Figueiroa. À maneira do homem invisível de Wells, o mísero passava o tempo a gritar, gesticulando a esmo, sem que ninguém o notasse em casa. Observando que o segundo matrimônio de dona Rosalina era fato a consumar-se em breves dias, acentuou-se-lhe a desesperação. Voltou novamente a influenciar a filha, obrigando-a então a recolher-se ao leito, por mais de dois meses. Nas primeiras crises nervosas, alarmara-se extremamente o coração materno. Dona Rosalina chamou o padre para exorcizar, e como não bastasse a providência, requisitou as doutrinações do Noronha. Quanto mais se multiplicavam tais medidas, pior se tornava Edmundo, premido de inenarráveis angústias.

Chegado, porém, o dia das segundas núpcias da viúva Figueiroa, meu velho amigo Cantidiano procurou-me com intimação afetuosa:

— Humberto, providenciemos hoje nova situação para o Edmundo. Se as coisas continuarem no pé em que se encontram, não sei até onde poderá ir esse infeliz.

Pus-me à sua disposição e acercamo-nos do velho companheiro. Depois de enorme esforço, conseguimos que o desventurado nos avistasse. Estava em condições de meter pena ao coração mais endurecido. Quando deu conosco, correu ansioso ao nosso encontro. Abraçado a Cantidiano, seu antigo colega de letras primárias, desenrolou as desditas de dois anos de incompreensão. O amigo escutou-o pacientemente e falou bem-humorado:

— Mas, afinal, que queres? Rosalina casar-se-á hoje, pela segunda vez; tuas filhas terão padrasto; mas olha que há maridos e meninas sem-número, nestas condições.

— Sei, bem sei — replicou Edmundo, lacrimoso —, mas a ingrata da minha mulher teve coragem de chamar o sacerdote para excomungar-me e até o Noronha, veja bem, o Noronha veio doutrinar-me a seu chamado. Poderá você compreender tudo isto?

E, notando o sorriso manso de Cantidiano, acrescentava:

— Por que não se exorcizou o intruso nem se doutrinou a Rosalina? O tratante é o diabo em pessoa e minha mulher demonstrou coração endurecido e indiferente à minha dor. Ambos também são Espíritos e Espíritos excessivamente perturbados.

O companheiro abraçou-o e esclareceu:

— Resigna-te, Edmundo! A maioria dos nossos amados na Terra não nos podem compreender senão como fantasmas. Para eles, quem partiu pelo túnel da sepultura não ama, não vibra, não mais sente. Por enquanto, isso é fatalidade em nossos círculos evolutivos. Esperemos o crescimento mental das criaturas. É indispensável conformarmo-nos aos desígnios divinos.

O interpelado meditou aquelas ponderações sensatas e indagou:

— Como esclarecer Rosalina e explicar às filhinhas que eu não morri? Que fazer para demonstrar minha repugnância ao explorador que me invadiu a casa?

Cantidiano estreitou-o mais carinhosamente nos braços acolhedores e respondeu:

— Sossega! Irás conosco a esferas diferentes, onde alcançarás trabalho redentor e vida nova. Quando os amados nos não podem entender, não seria justo recorrer à violência. É preciso entregá-los à vontade de Deus e partir em demanda de outros rumos. Teu apego ao lar resultou de louvável dedicação, que Deus abençoa. Tua casa, porém, não conseguiu continuar ao teu lado, após a morte do corpo. Dada essa impossibilidade, da qual não tens culpa, tua tarefa de esposo e pai está finda, para começar a de irmão, no "amai-vos uns aos outros". Compreendeste?

E, para finalizar mais simplesmente, acrescentou sorrindo:

— A mulher, o médico e as filhas serão protegidos de Deus, esclarecidos pela vida e, sobretudo, não te esqueças de que, hoje ou amanhã, eles serão igualmente fantasmas para os que ficarem no mundo.

Pela primeira vez, após a morte física, Edmundo Figueiroa sorriu e, sem mais dizer, seguiu-nos resoluto.

~ 26 ~
Assistência espiritual

Constantino Saraiva tornara-se muito conhecido por suas produções mediúnicas e, embora sua cota de tempo e possibilidades materiais continuassem exíguas, conquistara amizades numerosas, ensejando involuntariamente enormes expectativas a respeito do seu nome.

Toda missão útil, porém, encontra obstáculos nos lugares onde a luz não foi recebida pela maioria dos corações, e Constantino, dada a ampliação natural das responsabilidades, tornara-se alvo de forças inferiores, no visível e no Invisível. Companheiros encarnados seguiam-lhe os passos, ansiosos por saber se dava testemunho pessoal das verdades de que se constituíra instrumento, e as entidades vagabundas, deslocadas do vampirismo pelos Espíritos Superiores, a se fazerem sentir por intermédio dele, anotavam-lhe as mais insignificantes atitudes e não lhe perdoavam a decisão de manter-se firme na fé, apesar de tropeços ou tempestades.

Criou-se, assim, em derredor do médium Saraiva, considerável bagagem de lutas. É de justiça, contudo, advertir que esse movimento hostil não derivava apenas do psiquismo de Constantino, mas para combater o venerável Fanuel, o Espírito sábio e benevolente que ministrava substanciosas lições por meio de suas faculdades.

Os malfeitores desencarnados desenvolviam todos os recursos de insinuação. Recebia Saraiva propostas de salários vultosos, convites para mudar de situação; e como não vingasse a sugestão do ouro, tentaram o trabalhador no capítulo do sentimento. Feriram Constantino nos sonhos mais íntimos do coração; mas, preparado contra os alvitres da luxúria, resignou-se o médium e a máquina de serviços continuou sem perturbações. Tal serenidade, todavia, não vinha à superfície por conquistas dele próprio, mas porque Fanuel montava guarda ativa e permanente, cooperando na integridade e desdobramento da tarefa.

A situação caracterizava-se por notável harmonia, quando os adversários gratuitos prepararam sutil cilada, em que o médium seria vítima das próprias intenções.

Grande número de confrades, de populosa cidade, realizava valioso empreendimento para difusão do Espiritismo evangélico, mas a ambição e o egoísmo, a breve trecho, acocoraram-se como dois monstros na empresa dos obreiros desprevenidos. A obra ameaçava ruir. Amigos da véspera dividiam-se em campos opostos. Envenenados de personalismo destruidor, brandiam as armas da insídia e da leviandade, por intermédio de Tribunais e Secretarias. A obra generosa transformara-se, pela invigilância da maioria, num grande movimento de ambições comercialistas. Inegavelmente, havia ali, como em toda parte, trabalhadores honestos e sacrificados, mas qualquer solução justa só poderia resultar de uma cooperação geral.

No auge da luta, os caricaturistas da Zona Invisível lembraram o Saraiva. Não seria chegado o momento de lhe inutilizar as energias desferindo golpes no instrutor espiritual? Alguém chegou mesmo a declarar sutilmente:

— Insinuaremos a vinda do Constantino, e se chamarem Fanuel a esclarecimentos, é natural que não possa ele atender à generalidade, no qual há tantos descontentes. Estabelecida a impressão nervosa nos culpados, entraremos a dominar os incautos e promoveremos atritos fortes. É de esperar que o escândalo tome proporções devastadoras e, em seguida, Saraiva há de procurar quem lhe exaltou as qualidades de peão.

Riu-se o grupo gostosamente e deu mãos à obra. Daí a dias, Constantino foi convidado a visitar a grande cidade, onde lavrava a confusão lastimável. Consultaram o chefe de serviço quanto à licença, e como não houvesse embargos de qualquer natureza, Saraiva poderia partir oportunamente. Constantino, porém, assoberbado de obrigações diversas, não desejava empreender a viagem estafante — mais de mil quilômetros de via férrea — e manteve-se no retraimento que lhe era peculiar. Os malfeitores, contudo, desejavam atingir seus fins e sugeriram sutilmente que se oferecesse a Saraiva homenagens espetaculares. Mais alguns dias e Constantino soube, pelos jornais, que lhe preparavam recepção de grande vulto. Reunir-se-iam os companheiros em preitos honrosos, cada solenidade congregaria número considerável de admiradores e amigos.

Constantino, que não conhecia as tramas e os dramas distantes, comoveu-se ao extremo. Já que se tratava de movimento tão honroso e distinto, abalançar-se-ia à viagem, sem mais hesitação. Orou, meditou. Fanuel aproximou-se e recomendou vigilância. Não era essa, entretanto, a advertência comum, de todos os dias? Cheio de emoção, o médium não percebia que fora beliscado na vaidade de criatura falível. No seu modo de entender, devia sacrificar-se, correr ao encontro dos seus irmãos na fé. Não se organizavam homenagens em sua honra? Longe de recordar que semelhantes preitos deviam conferir-se a quem de direito, a começar por Jesus Cristo, e não a ele Constantino, operário a meio da tarefa, ignorando se lhe chegaria a termo, dignamente, começou por antever as demonstrações de apreço, os aplausos gerais, e iniciou providências imediatas.

Reconhecendo-lhe a perigosa atitude mental, Fanuel procurou socorrê-lo por intermédio do chefe de serviço. Na manhã em que deliberou em contrário, o rapaz procurou o diretor de trabalho e pediu humilde:

— Doutor, mudei de opinião relativamente à viagem e desejo o favor de sua licença.

Avisado intuitivamente por Fanuel, o interpelado obtemperou:

— Não me oponho aos seus desejos, mas olhe que as necessidades do serviço também mudaram. Seria difícil autorizar sua ausência agora. Não seria possível adiar o projeto?

— Mas, doutor — considerou o médium —, os companheiros preparam-me grandes festividades para as quais, naturalmente, despenderam recursos e receio passar por ingrato. Além do mais, creio que precisam de minha colaboração nas dificuldades e sofrimentos que arrostam no momento e não desejo parecer indiferente.

Fixou-o o diretor e observou:

— Não tenho interesse em desviá-lo de obrigações que considera sagradas, mas sou de parecer que deve ponderar as próprias disposições. Se pretende viajar em tarefa de auxílio, não esqueça a vigilância. Onde a razão de festivais e homenagens? O regozijo não mora em companhia da angústia.

O médium fora sacudido pelas forças da Verdade, mas não despertou. Fanuel fazia o possível para acordá-lo, mas perdia os melhores esforços. Os dias continuaram registrando a insistência de Saraiva e a natural esquivança do chefe de serviço, até que, notando este a firme resolução do rapaz, não quis parecer tirânico e acabou por dizer-lhe:

— Pois bem, Saraiva, pode ir quando julgar conveniente. Você é dono de sua pessoa e cada qual deve conhecer as obrigações próprias.

Obtida a permissão, o médium tomou as primeiras providências. Nesse ínterim, registrava-se grande contentamento dos adversários gratuitos e enorme preocupação dos amigos sinceros de Constantino.

A escola de Fanuel, na esfera superior, começou a ser visitada por companheiros esclarecidos, desejosos de informações sobre o assunto.

Um velho amigo perguntou ao respeitável mentor:

— Será crível que Saraiva deite a perder patrimônio tão considerável, inclinando-se a aventuras dessa ordem, só por causa de homenagens barulhentas e exaustivas?

— Não é bem isso — explicava o orientador —, Constantino sempre confiou em minha assistência. Tal como a maioria das criaturas, ele não compreenderia nosso auxílio fora da velha ternura terrestre, a exprimir-se em palavras doces. É claro que ele também é Espírito e tem as suas responsabilidades. Poderá atender plenamente aos caricaturistas que o alvejam, mas, antes disso, não lhe negarei assistência fraternal. Talvez não nos entenda de pronto, e, contudo, nossa cooperação segui-lo-á.

Mais tarde, veio a devotada mãe de Saraiva e inquiriu:

— Fanuel, venho rogar seus bons ofícios. Creio que a situação é difícil e perigosa.

O mentor generoso tranquilizou a entidade materna:

— Minha irmã pode voltar às suas tarefas espirituais plenamente confiante. Constantino não ficará sem a nossa colaboração.

No outro dia o velho Jerônimo, também grande amigo de Saraiva, depois das primeiras considerações, perguntou:

— Fanuel, por que não procuras eliminar a dificuldade imediatamente? O pobre médium não vive isento da ignorância peculiar aos encarnados no mundo. Não haverá meios de modificar a situação já, já?

O interpelado, com a serenidade de perfeito otimismo, esclareceu:

— Jerônimo, quando viveste na Terra ouviste falar alguma vez de reses estouradas?

— Sem dúvida.

— Pois a mente, quando obcecada pelo impulso do próprio capricho, é como se fora rês estourada — continuou Fanuel, bondoso —, não se pode remediar a situação com êxito, senão a longas distâncias. O primeiro recurso é a porteira forte; se esta não vinga, recorre-se ao laço, e tudo isso, embora magoe e fira o animal, constitui medida de salvação de morte certa. Pelas amizades que conquistou, vive Saraiva em pastagem muito extensa. Para opor-lhe uma porteira, necessitamos longa distância. Ele pretende viajar mais de mil quilômetros. Pois bem: não poderei cercar-lhe a mente caprichosa senão a termo do objetivo. Se falhar a porteira, recorrerei então ao laço, nesse trabalho de assistência.

Jerônimo meditou a explicação sábia e mergulhou em silêncio.

Daí a alguns dias era chamado por Fanuel, que lhe confiava os trabalhos da sua escola ativa, esclarecendo:

— Peço me substituas por três dias. Devo cercar hoje a mente de Constantino. Levarei Natércio, mesmo porque, segundo já sabes, falhando os recursos iniciais, utilizarei outros mais fortes.

E, sorrindo bondosamente, acrescentava:

— Quantas vezes o encarnado quebra uma perna ou se esvai em sangue de escoriações quando socorrido? Devemos admitir providências, que tais, no quadro dos serviços comuns. Assistirei Saraiva em todas as circunstâncias, e talvez me demore.

Com efeito, nessa noite, o médium chegava à grande cidade, depois de rodar vinte e quatro horas a fio, sobre os trilhos. Antes de atingir a estação dos abraços efusivos e dos aplausos superficiais, um amigo vem vê-lo, trazido por Fanuel, relacionando a ocorrência na série dos casos felizes. Abraçam-se. É quase meia-noite; Saraiva, cansadíssimo, aguarda o conforto da cama de hotel.

O companheiro regozija-se e exclama:

— Por aqui, tudo bem. Algumas dificuldades, mas creio que você gozará horas de entretenimento e descanso. Tenho a impressão de que numerosos amigos nossos disputam acerca de precários patrimônios materiais, mas isso não turvará o seu horizonte. Enfrentaremos a situação serenamente.

Natércio, o colaborador de Fanuel, aproxima-se do médium e aconselha a oração. Era meia-noite, enorme o cansaço, mas Saraiva pede ao amigo que o ajude numa prece. Não deveria inclinar-se à inspiração do Alto, antes de penetrar o terreno de serviços novos? O companheiro acedeu e elevaram mente e coração ao plano superior. Meditaram e esperaram. Fanuel considerou chegada a hora de opor o impedimento prometido.

Tomando a mão de Constantino, escreveu firme:

— Grande é a luta, áspera a discórdia. Nossos irmãos ignorantes da luz espiritual contendem na ambição e no personalismo destruidores. Necessitam de bisturi a fim de vazarem o tumor da má vontade. Quererias servir de instrumento, meu filho, quando estás sendo utilizado em tarefa superior? Considera as responsabilidades que te cabem. E se prezas nossa humilde opinião, regressa a todo pano, antes do amanhecer.

Fanuel não se estendeu em outras considerações. Constantino sentia amarguras de derrotado. E o festival e as homenagens, os amigos inscientes da verdadeira fé? Num átimo, Natércio aplica-lhe fluidos salutares. Saraiva lê a mensagem em voz alta. Está muito pálido, desencantado. Mas os fluidos de Natércio o envolvem inteiramente, atenuando os efeitos dolorosos da volta à realidade e ao dever. Constantino cria forças e diz:

— Se é assim, vamos voltar.

E ante o amigo admirado, tomou o comboio de regresso, pela madrugada, antes do amanhecer.

Entretanto, somente de volta, cessada a influência cariciosa de Natércio, Constantino verificou que sua mágoa era profunda.

Viajar mais de mil quilômetros, sacrificar-se e voltar sem atingir o menor dos objetivos?

Dias passaram sobre os seus desgostos, e o médium, na primeira reunião, recebeu encorajadora mensagem de Fanuel, que lhe dizia contente:

— Estou satisfeito: se não te posso dar boa nota em prudência, concedo-te ótima classificação em obediência. Não te agastes, Constantino. Ninguém pode despertar do sono a toque de ternura. Às vezes, são necessários jatos de água fria. E quem poderá afirmar que isso não seja assistência amorosa?

Saraiva, mais animado, retomou a luta, mas até hoje talvez ignore que, se não ganhara boa nota em prudência, nem mesmo a obediência lhe pertencia.

27
Dois companheiros

Leonel e Benjamim, dois velhos amigos do Plano Espiritual, mutuamente associados no erro e na reparação, depois de minucioso exame do passado, decidiram-se a pedir concessão de novas experiências no mundo. Esposando opiniões diversas entre si, buscaram o orientador, ansiosos da necessária permissão para pronto regresso à luta humana.

Após anotar-lhes as observações, sorriu o mentor amigo e obtemperou:

— É oportuna a solicitação: vocês necessitam intensificar o aprendizado, iluminar o entendimento, adquirir sabedoria. Escolheram ambos o mesmo gênero de provas?

Levantou-se Leonel, explicando:

— Estamos acordes no pedido, mas não temos a mesma preferência no capítulo das tarefas. Por minha parte, desejaria a oportunidade de movimentar patrimônios terrestres, nos círculos da fortuna e da autoridade...

Antes que ele terminasse, Benjamim embargou-lhe a palavra e esclareceu:

— Cá por mim, escolhi a condição de pobreza e sofrimento. Pediria, se possível, a supressão de toda possibilidade de contentamento na Terra. Encareço problemas de penúria e dificuldades, a fim de valorizar o que hei recebido da Providência.

Estampando no semblante o sorriso sereno da sabedoria, o generoso orientador considerou:

— Não posso interferir na liberdade de ambos. Conhecem vocês a extensão dos débitos contraídos. De algum tempo, sou testemunha da luta enorme em que se empenharam para o resgate. Fizeram jus, por isto, a novo ensejo de trabalho e elevação. Devo ponderar, todavia, que, embora divergentes na escolha, ainda não poderão afastar-se um do outro, na próxima experiência de redenção. Partilha, no erro, determina partilha de responsabilidades e consequências. Ser-lhes-ão abertas as portas do serviço santificador. Não se desunam, pois; nos caminhos da purificação, jamais desprezem a possibilidade de aprender. Fortuna e pobreza são bancas de provas na escola das experiências terrestres. São continentes da probabilidade. Ambos oferecem horizontes largos e divinas realizações. Que saibam receber as bênçãos de Deus, são os meus votos.

Leonel e Benjamim ouviram os conceitos judiciosos, renovaram promessas e partiram mais tarde. Atendendo a própria escolha, nasceu o primeiro na casa farta de rico proprietário rural, que lhe fora muito amado noutras existências. Daí a dias, velha serva da casa rica era igualmente mãe, fornecendo ao segundo o ensejo de realizar os planos traçados.

Enquanto houve paisagens risonhas de infância, ambos os companheiros, tão unidos pelo coração e tão distantes pelo nascimento, viveram no róseo céu da harmonia; mas, quando Leonel começou a sorver o conteúdo dos livros propriamente do mundo, verificaram-se os primeiros sinais de incompreensão.

Cada vez que o jovem bem-nascido regressava ao círculo doméstico em gozo de férias escolares, assinalava-se maior distância entre ele e o camarada da meninice. Quando o anel de grau lhe brilhou nos dedos, estava consumada a separação. Passando a administrar interesses da família nos estabelecimentos do campo e da cidade, era ele o chefe, enquanto Benjamim se classificava no extenso quadro dos servidores.

Nessa zona de testemunho ativo, entenderam que deviam proceder como estranhos, absolutamente separados entre si. No fundo, admiravam-se e amavam-se reciprocamente; contudo, as ilusões terrestres encegueciam-nos.

Se Leonel se mostrava mais enérgico, atento às responsabilidades de administrador, desfazia-se Benjamim em críticas acerbas e gratuitas, levado pelo despeito. Se Benjamim aumentava, involuntariamente, a lista de necessidades pessoais, multiplicava Leonel o rigor, levado pelo autoritarismo.

A certa altura da experiência, não mais se saudaram um ao outro. Atritaram-se, trocaram acusações mútuas. O servo abandonou o trabalho diversas vezes, desejoso de experimentar a sorte em regiões diferentes; todavia, incapaz de iludir o espírito da Lei, voltava sempre, implorando readmissão. Leonel, por sua vez, renovava a concessão de serviço, embora com agravo crescente de exaspero e tirania recíprocos. Se o empregado solicitava melhoria de salário, o patrão restringia a remuneração e os benefícios.

Embriagado na visão de lucros fabulosos, Leonel pusera a mente no egoísmo total. Desvairado de inconformação, Benjamim concentrava-se na rebeldia, daí resultando aumento intensivo de vaidade, orgulho, presunção, ciúme, despeito e indisciplina no coração de ambos.

A Providência Divina, que jamais deixou criaturas em abandono, enviou-lhes socorro por intermédio da assistência religiosa. Mas o patrão, afeiçoado ao Catolicismo Romano, inclinava toda leitura edificante a favor da própria causa, valia-se dos conselhos do sacerdote amigo que o assistia, para justificar os erros e o seu feitio egoístico. Obcecavam-no o apego ao dinheiro e a ideia de lucros fáceis. Quanto ao empregado, tornara-se espiritista convicto, porém, cegavam-no a inconformação e a revolta. Qualquer advertência dos instrutores espirituais era interpretada ao inverso. Se o amigo do outro lado da vida aludia à paciência, não enxergava ele a informação própria, e sim o defeito alheio, ou a insuficiência dos outros. Se ouvia dissertações sobre a caridade, lembrava os afortunados do mundo, com ironia. Benjamim era, afinal, desses enfermos que consideram o remédio excelente para outrem, mas nunca para si mesmos. Enquanto Leonel se valia das consolações da Igreja Católica para consolidar tradições autocráticas, Benjamim esquecia as lições do Espiritismo, para armazenar indisciplinas e difundir desesperações.

Absolutamente envenenados de teorias mentirosas, terminaram ambos a experiência humana, na posição de inimigos irreconciliáveis.

Despertando na vida real, sentiam-se estranhamente algemados um ao outro. Cercavam-nos sombras espessas e tristes; e como se houvessem enlouquecido, perdendo a luz da memória, somente a custo de muitos anos conseguiram fixar recordações das existências obscuras.

Quando a lembrança lhes felicitou o espírito abatido, compreenderam a situação, desolados, e puseram-se à procura daquele mentor generoso que lhes havia banhado o coração de sábios conselhos.

Depois de longo tempo, que lhes marcou angústias dilacerantes, foram readmitidos à presença do carinhoso orientador, que, ante as lágrimas de ambos, exclamou serenamente:

— Não estranho a dor que lhes fere o espírito enfermo, à face do tempo perdido e do ensejo malbaratado. Não lhes faltou inspiração divina para o êxito necessário. Entretanto, esqueceram, mais uma vez, a lei do uso, internando-se no abuso criminoso, olvidando que pobreza e fortuna constituem oportunidades do serviço divino na Terra. Os que administram são mordomos, os que obedecem são operários, mas, no coração augusto de nosso Pai, estamos inscritos indistintamente na categoria de cooperadores de suas obras. Se era justo obter moderação, paciência, confiança, fé e resistência sublime com os valores da pobreza, e ganhar humildade, ponderação, entendimento, autodomínio, bondade e paz com os valores da riqueza, adquiriram vocês desesperação, rebeldia, vaidade e ruína. Não posso asseverar que voltaram piores que no passado escabroso, porque ninguém regride na evolução perpétua da vida; mas posso afiançar que voltaram mais sujos. A crise de ambos é de estacionamento complicado. Enquanto outros irmãos nossos costumam deter a marcha em jardins ou florestas, preferiram vocês a parada em lamaçal inconcebível. Valeram-se das sagradas posições de administrar e obedecer, tão só no propósito de oprimir e menosprezar. Esqueceram que todo trabalho honesto, no mundo, é título da Confiança divina. Não observo qualquer traço de superioridade moral entre um e outro. Ambos faliram desastradamente. É a dolorosa experiência dos que prometem sem saberem cumprir, é o fracasso do aprendiz pelo descuido próprio. Não vos declarei que pobreza e riqueza são continentes da probabilidade? Cultivaram, porém, a terra das concessões benditas, enchendo-a de ervas venenosas e povoando-a de monstros e fantasmas. Mascararam-se a si mesmos e caíram no pântano. Que posso fazer, agora, senão lamentar a imprevidência?

Ambos os companheiros de infortúnio ouviam-no em pranto.

Reunindo todo o cabedal de energias próprias, Leonel adquiriu coragem e interrogou:

— Não poderíamos, entretanto, recomeçar juntos a prova da fortuna e da pobreza? Estou convencido de que venceremos agora.

— Sim — respondeu o instrutor sabiamente —, a medida é possível. No entanto, segundo observei, vocês regressaram enlameados. A oportunidade desejável, por enquanto, é a de se lavarem convenientemente, a fim de prosseguir caminho.

Calou-se o mentor amigo. Leonel e Benjamim entenderam sem dificuldade. E depois de algum tempo renasciam na Terra, procurando o tanque fundo e vasto do sofrimento.

28
A queixosa

Benvinda Fragoso tornara-se amplamente conhecida pelas suas queixas constantes. Quem a ouvisse na relação dos fatos comuns afirmaria, sem hesitar, que a infeliz arrematara todos os desgostos do mundo.

Órfã de pai e mãe, vivia à custa de salário modesto, numa fábrica de toalhas, onde fora admitida por obséquio de amigos devotados. Todavia, se a existência era laboriosa, não faltavam recursos para torná-la melhor. Não se casara, mas dois sobrinhos inteligentes e generosos faziam-lhe companhia no ambiente doméstico. Os progenitores não lhe deixaram haveres em espécie, mas sempre legaram à filha o patrimônio do lar, edificado ao preço de sublimes sacrifícios.

Benvinda rodeava-se de oportunidades benditas, mas não sabia aproveitá-las. Cristalizara-se nas queixas dolorosas, aniquilando as próprias energias. A mente enfermiça desfigurava as sugestões mais belas da vida diária.

— Sou profundamente infeliz — dizia a uma colega de trabalho —, vivo insulada, à maneira de animal sem dono, ao léu da sorte. Morrer seria para mim uma felicidade. Diz-se que o fim é sempre doloroso. Não será, porém, mais agradável alcançar o termo do caminho no seio de tantas sombras e surpresas angustiosas?

— Não digas isso, Benvinda — observava a companheira, com intimidade —, temos saúde, não nos falta trabalho, teus sobrinhos gostam de ti. Não nos sintamos desditosas, quando a oportunidade de serviço continua em nossas mãos.

Mal-humorada — explodia a queixosa, exasperada:

— Que dizes? a Existência esmaga-me e desde a infância há sido para mim pesada carga de sofrimentos. Referes-te aos sobrinhos, e que significam eles em meu caminho senão agravo de preocupações? O mundo é cárcere tenebroso, inferno terrível, onde somos convocados a ranger dentes.

Calava-se a colega, ante o transbordamento de revolta insensata.

Na estação do frio, aferrava-se Benvinda em lamentações amargosas; no verão, acusava a Natureza, declarava-se incapaz de tolerar o calor; e, se chovia, amaldiçoava as nuvens generosas.

Dispondo de muitas horas no ambiente doméstico, a infeliz nunca soube valorizar o santo aconchego das paredes acolhedoras, onde os pais carinhosos lhe haviam dado o beijo da vida.

Enquanto os sobrinhos, quase crianças, permaneciam no trabalho, Benvinda recorria às vizinhas e, mãos cruzadas em sinal de preguiça, continuava incorrigível:

— Ah! dona Guilhermina, a vida vai-se tornando insuportável. Este mundo resume-se em miséria e desengano. Até quando serei humilhada e perseguida pela má sorte?

— Oh! minha filha! — respondia a interpelada, fixando gestos de mãe compadecida, por ocultar a verdadeira expressão da personalidade habituada à maledicência. — Deus é Bom Pai. Não desanime. Tenhamos confiança na Providência. Tudo passa neste mundo. A fé pode transformar nossas dificuldades em motivos de vitória e alegria.

— Fé? — replicava Benvinda, exaltada — Estou descrente das orações. Deus nunca me atende. Quando sonhava, há dez anos, a organização de um lar que fosse somente meu, rezei pedindo a proteção do Céu e meu noivo desapareceu para desposar outra jovem, mais tarde, longe de mim. Quando meu pai se decidiu à operação, supliquei à Providência lhe poupasse a vida, atendendo a que eu era órfã de mãe, desde os mais tenros anos, e sobreveio a infecção que o levou à sepultura. Quando minha única irmã adoeceu, recorri de novo à confiança no Poder Celestial e Priscila morreu, deixando-me os filhos por criar, por meio de obstáculos numerosos. Como vê a senhora, minha crença não poderia resistir a choques tamanhos. Estou sozinha, abandonada; sou o cão anônimo, desprezado em desvãos do caminho.

Mas, como a assistência espiritual da Esfera Superior se vale de todos os meios para socorrer ignorantes e infelizes, a vizinha, não obstante a má-fé, constituía-se em instrumento de consolação ao bafejo de amigos desvelados do Plano Superior e replicava:

— Entretanto, quem sabe todas as desilusões não resultaram em benefício? O noivo, que a enchia de esperança, talvez a envenenasse de desesperação, mais tarde; o progenitor teria evitado a operação cirúrgica, mas possivelmente se tornaria demenentado, percorrendo hospícios ou convertendo-se em palhaço da via pública; a irmã ter-se-ia curado da pneumonia, mas, viúva muito jovem, talvez lhe amargurasse o coração fraterno, cedendo a sugestões inferiores no caminho da vida.

Em vez de ponderar as observações amigas, Benvinda retrucava:

— Não me conformo: para mim a vida se resume no drama pungente que aniquila o espírito, ou na comédia que revolta o coração.

A palestra continuava, pontilhada de lamentos e acusações gratuitas ao mundo, até que os rapazelhos chamavam à porta. A tia, que perdera tempo em lamúria improdutiva, aproximava-se do fogão, apressada.

— Esta vida não me serve! — dizia em voz alta, amedrontando os jovens — até quando serei escrava dos outros, capacho do destino?! Maldita a hora em que nasci para ser tão desgraçada.

Os sobrinhos miravam-na entristecidos.

— Quando conseguirmos melhor remuneração, titia — exclamava um deles, bondosamente —, havemos de auxiliá-la, retirando-a da fábrica. Não é a senhora nossa verdadeira mãe pelo espírito?

Benvinda, no entanto, longe de comover-se com a observação carinhosa, multiplicava as impertinências.

— Não creio em ninguém — bradava de cenho carregado —, quando vocês puderem, deixar-me-ão na primeira esquina. Não pensam senão em diversões e más companhias. Creem que resolverão meus problemas com promessas?

Observando-lhe a feição neurastênica, os rapazes esperavam a refeição, sisudamente calados. Terminada esta, regressavam naturalmente à rua. O ambiente doméstico pesava. A lamentação viciosa é força destrutiva.

Benvinda não reparava que as amizades mais íntimas a deixavam sozinha no círculo das queixas injustificadas. Ninguém estava disposto a ouvir-lhe as blasfêmias e críticas impiedosas. As colegas de serviço evitavam-lhe a palestra desanimadora. As vizinhas refugiavam-se em casa ao vê-la em disponibilidade no quintal invadido de ervas rústicas. Os sobrinhos toleravam-na, desenvolvendo imenso esforço. Nesse insulamento, a infeliz piorava sempre. Começou a queixar-se amargamente do serviço e a acusar a administração da fábrica. Enquanto sua atitude se limitava a círculo reduzido, nada aconteceu de extraordinário; todavia, quando resolveu dirigir-se ao gerente para reclamações descabidas, recebeu a ordem inflexível de demissão.

Enclausurada no desespero, não tinha percepção das oportunidades que se desdobram no caminho de todas as criaturas, nem compreendia que não era a única pessoa a lutar no mundo. Crendo-se mártir, agravou a ociosidade mental e foi relegada a plano de absoluto isolamento. Nem amigos, nem trabalho, nem colegas, nem sobrinhos. Tudo fugiu, evitando-lhe a atmosfera de padecimento voluntário.

Depois de perder a casa, em venda desvantajosa, a fim de obter recurso à manutenção própria, passou ao terreno da mendicância sórdida.

Foi nessa situação escabrosa que a morte do corpo a compeliu a novos testemunhos.

Desencantada e abatida, acordou na vida real em solidão mais dolorosa. Ninguém a esperava no pórtico de revelações do Além-Túmulo. Estava só, sem mão amiga. E os sofrimentos de que se julgara vítima na Terra? Não esperava convertê-los em títulos de ventura celestial? Descrera da Providência no mundo, entretanto, no íntimo, sempre acreditara que haveria glorioso lugar para os desventurados e famintos da experiência humana. Depois de longo tempo, em que se multiplicavam provas ásperas, rogou ao Espírito de sua mãe que a esclarecesse na paisagem nova. Tinha sede de explicações, ânsias de paz e fome de entendimento.

Depois da súplica formulada com lágrimas angustiosas, sentiu a aproximação da desvelada progenitora.

— Benvinda — murmurou a terna mensageira, carinhosamente —, não te dirijas a nosso Pai lamentando o aprendizado em que te encontras. Toda queixa viciosa, minha filha, converte-se em crítica injusta à Providência. Estás convicta de que sofreste na Terra; entretanto, a verdade é que envenenaste os poços da Divina Misericórdia. Fugiste às ocasiões de trabalho, desfiguraste o quadro sublime de realizações que te aguardavam a boa vontade nas estradas da luta humana. Hoje aprendes que a lamentação é energia que dissolve o caráter e opera o insulamento da criatura. Não conseguiste afeições em ninguém, não soubeste conquistar a gratidão das criaturas, nem mesmo das coisas mais ínfimas do caminho. Sofre, minha filha! A dor de agora é tua criação exclusiva. Não imputes a Deus falhas que se verificaram por ti mesma.

— Oh! minha mãe! — suplicou a infeliz — não poderei, porém, voltar e aprender novamente no mundo?

— Mais tarde. Por agora, para que alcances alguma tranquilidade, incorporar-te-ás à extensa falange espiritual que auxilia os rebeldes e inconformados da luta humana. Reduziste a existência a montão de queixas angustiosas, sem razão de ser. Trabalharás agora, em Espírito, ao lado daqueles que se fecham na teimosia quase impenetrável, a fim de compreenderes o trabalho perdido...

E a queixosa trabalha até agora, para abrir consciências endurecidas à compreensão das bênçãos divinas.

É por isso que muitos homens, em momentos de repouso, são por vezes assaltados de ideias súbitas de trabalhos inesperados. Criaturas e coisas enchem-lhes a visão interna, requisitando atividade mais intensa. É que por aí, ao redor da mente em descanso, começam a operar os irmãos de Benvinda, a fim de que a preguiça não lhes aniquile a oportunidade, qual aconteceu a eles mesmos.

29
O diagnóstico

Antes da reunião, Tomé Colavida imprimiu a carícia habitual aos bigodes longos, fisgou a médium dona Eulália com um olhar de prevenção e dirigiu-se ao orientador dos trabalhos, atenciosamente:

— Senhor Martinho, vejamos o caso de meu diagnóstico. Iniciados os serviços psicográficos, espero que o receitista me não falte com os esclarecimentos técnicos, relativamente aos meus males orgânicos. Imagine o senhor que já visitei diversos agrupamentos sem resultado satisfatório.

— Não obteve definições precisas? — indagou o bondoso diretor da reunião, demonstrando fraternal interesse.

— Nunca. Frequentemente, recebo mensagens de Acácio, amorosa entidade que se afirma amigo de outras eras; todavia, suas elucidações não me satisfazem. E vivo desalentado, aflito. Desde muito, permaneço arredio da Medicina. Meu sobrinho Sinfrônio, clínico de renome, aconselhou-me exames detalhados. Entretanto, perambulei em vão, através de laboratórios, por mais de dois anos e, de alguns meses para cá, vivo interessado no Espiritismo, procurando, porém inutilmente, a solução do meu caso, pelas salas mediúnicas.

— Mas não terá obtido conselhos, receituário, indicações? — inquiriu Martinho, emocionado.

— Sim — esclareceu o doente —, semelhantes recursos não me têm faltado; contudo, que me vale o roteiro sem nomenclatura? Necessito obter o diagnóstico de minha verdadeira situação. Creio não andaria bem avisado se usasse remédios, ignorando quais os sofrimentos físicos. Preciso esclarecimentos exatos, diretrizes francas. Apesar, porém, de minha insistência, os Espíritos nunca traçaram o diagnóstico desejado. Aconselham-me, atendendo talvez a minha ansiedade, com a panaceia das boas palavras. Entretanto, isto não serve ao meu temperamento amigo da verdade.

Martinho sorriu paciente e obtemperou:

— Em todas as coisas, meu amigo, há que considerar os desígnios providenciais de Deus.

— Mas não estou contra Deus — objetou o doente, numa expressão de superioridade. — Se é que os desencarnados veem nossa máquina orgânica, externa e internamente, por que semelhante esquivança aos meus pedidos reiterados? Sabem acima dos médicos, enxergam mais que os raios X, auscultam além da epiderme. Donos de tamanhas possibilidades, por que a negação de algumas palavras que me aclarem as dúvidas? Medicar-se alguém, sem o conhecimento da própria situação, constitui grave perigo. Simples receituário não satisfaz ao homem observador e inteligente.

O orientador da reunião não quis alimentar a palestra e permaneceu em silêncio, convidando, em seguida, os presentes à oração habitual.

Terminados os trabalhos, a folha de papel que relacionava o nome de Colavida não exibia coisa alguma, além de certas indicações para tratamento. Nada de explicações técnicas, nada de terminologia científica.

— E o diagnóstico? — perguntou o enfermo, desapontado, fitando a médium, entre a desconfiança e a censura.

— Não recebi qualquer observação, neste sentido — murmurou dona Eulália, humilde e tímida.

— Ora, ora, Sr. Martinho — disse Tomé ao diretor dos trabalhos —, às vezes chego a pensar que este movimento de comunicações com o outro mundo não passa de grosseira mistificação. Peço definições médicas e respondem-me com apontamentos de alimentação e nomes de tinturas! Aonde iremos com isso?

Depois de mirar dona Eulália, de alto a baixo, com ares de zombaria, perguntou:

— Quem receita por seu intermédio?

— É o Dr. João Crisóstomo de Toledo, que foi antigo médico nestes sítios.

Tomé riu, sarcástico, e acrescentou:

— Parece que ele anda desmemoriado e completamente alheio à Medicina. Este Espírito deve ser um espertalhão.

A esta altura, Martinho adiantou-se:

— Mas, Sr. Colavida, nesta casa não temos o direito de insultar benfeitores. Não somente os Espíritos amigos, mas também dona Eulália não nos pedem retribuição alguma. Os mentores espirituais, certamente, sacrificam-se bastante, vindo até nós, e a médium abandona sagradas obrigações domésticas para atender aos nossos apelos. Não desconheço as nossas deficiências e admito que a nossa tarefa esteja repleta de falhas e erros que a experiência corrigirá; mas seria justo acusar de embusteiros os que se devotam ao trabalho, com amor e renunciação?

Tomé percebeu o terreno falso em que se colocara, pedindo desculpas, invocou o famoso subconsciente e rogou fosse admitido à próxima sessão, recebendo as melhores expressões de fraternidade por parte dos companheiros ali reunidos.

Na semana seguinte, repetiram-se os mesmos comentários, com a teimosia renitente de Colavida, a boa vontade de Martinho e a natural timidez de dona Eulália. O enfermo estava ansioso. Solicitava pareceres do médico desencarnado, emitia observações técnicas e, por último, pedia, se possível, o comparecimento de Acácio, o amigo invisível, para maior esclarecimento da situação. Findos os trabalhos da noite, verificou-se que João Crisóstomo lançara no papel as mesmas recomendações anteriores, sem omitir uma vírgula. Nada de nomear a enfermidade do consulente. Acácio, contudo, escrevera-lhe mensagem ponderada e afetuosa.

— Meu irmão — dizia ele, revelando intimidade e carinho —, não aguardes um diagnóstico que nos seria difícil fornecer. Vale-te da cooperação do amigo espiritual que te ministrou indicações tão úteis e procura pô-las em prática. Por que impor condições aos que te beneficiam? O grande problema não é o de receberes uma frase complicada, à guisa de definição, mas sim buscares a restauração das tuas energias, cheio de boa vontade. O diagnóstico, Tomé, nem sempre pode ser perfeito e nem sempre se ajusta às finalidades da renovação orgânica. O corpo do homem é uma usina de forças vivas, cujos movimentos se repetem no tocante ao conjunto, mas que nunca se reproduzem na esfera dos detalhes. As dores de cabeça são idênticas nas sensações que proporcionam, mas quase sempre desiguais nas origens. Como te oferecer um diagnóstico exato, se amanhã sensíveis modificações podem ocorrer em tuas células mais íntimas? Não te furtes ao benefício, apenas porque não podes impressionar os olhos mortais com meia dúzia de termos indecifráveis. Trata-te, meu amigo! O tempo é precioso. Cuida da maquinaria física, aceita a bondade do eterno Pai, sem cristalizar o pensamento nas normas secundárias da ciência terrestre. Lembra que te amamos intensamente e desejamos teu bem-estar.

Leu Colavida a mensagem afetuosa, volvendo irritadiço:

— Afinal, estou sem compreender coisa alguma. Sinto-me doente, cansado, peço esclarecimentos que satisfaçam e os invisíveis me dirigem exortações?!

E, fixando o olhar na médium, rematava:

— Francamente, minha decepção é sem limites.

Martinho, na fé serena que lhe assinalava as atitudes, ajuntou tranquilo:

— É o que merecemos, meu amigo. Desejávamos receber o diagnóstico, mas...

Tomé coçou nervosamente a cabeça e cortou-lhe a palavra:

— Nada de reticências. Presenciamos verdadeiros fracassos. O que lastimo é o tempo perdido a procurar elucidações, quando me asseveravam que o Espiritismo é fonte de Verdade. Onde a franqueza nestas farsas em que venho pondo minhas melhores esperanças? Em todos os grupos, apenas encontrei material incompleto, entre médiuns supostamente humildes e doutrinadores pretensamente inspirados. Estou farto. Não vim procurar consolações, mas informes necessários. Estes Espíritos, contudo, devem andar lá no Alto à maneira dos asnos cá embaixo. Em toda parte é dissimulação, ignorância, fanatismo. Solicito diagnóstico e lançam-me recomendações estranhas a todo conhecimento de posologia. Abandonarei minha experiência, convencido de que Espiritismo e mediunidade são duas tolices mundiais.

Os companheiros já se haviam retirado. Apenas Martinho e dona Eulália permaneciam ali, suportando heroicamente a neurastenia do enfermo malcriado. Reconhecendo-lhe a irritação, dispunham-se ambos a abandonar o recinto, em silêncio, quando, ao primeiro gesto de despedida, Tomé procurou retê-los ansiosamente:

— Por quem são! ajudem-me!... Não desejo sair, experimentando tamanha impressão de abatimento moral. Quero a verdade, senhor Martinho. Auxilie-me na consecução deste propósito. A falta do diagnóstico desejado acabrunha-me. Sinto que tudo é mentira acerca de meus passos.

E depois de fixar a médium, ansiosamente, concluiu:

— Dona Eulália, se esses Espíritos que a senhora diz ouvir e ver são personalidades reais, por que razão me negam a verdade?

Agora que estamos a sós, atendam-me por amor de Deus. Peçamos diretamente aos invisíveis que se manifestem e me esclareçam.

Havia tamanha emoção naquelas palavras, que Martinho e a médium se entreolharam penalizados. À interpelação silenciosa do diretor das sessões, a nobre senhora respondeu bondosamente:

— Estou pronta.

Sentaram-se os três. O orientador orou com lágrimas, invocando a Providência Divina. Foi então que o amigo espiritual, por intermédio de dona Eulália, falou em voz triste, mas firme:

— Tomé, em vão temos procurado auxiliar-te na cura. Atende ao teu caso orgânico, enquanto é tempo, porque teu corpo está dominado pela morfeia nervosa.

Colavida fez-se pálido e esforçou-se por não cair, ali mesmo, fulminado pelo diagnóstico doloroso.

Suspenderam-se as preces, sob forte emoção.

No dia imediato, o doente atormentado procurou gabinetes de pesquisas e especialistas em moléstias do sangue, obtendo a confirmação amarga. À noite, insistiu para que Martinho e dona Eulália se reunissem na sua companhia. Estava desfigurado, em pranto. Terminada a prece do diretor da reduzida assembleia, o enfermo exclamou soluçando:

— Oh! benfeitores invisíveis, por quem sois, auxiliai-me no destino cruel! Que surpresa dolorosa me preparastes, dando-me conhecimento da realidade terrível!...

Mas, nesse instante, a generosa entidade de Acácio tomou o punho da médium e escreveu:

Conforma-te, meu querido Tomé! Não querias a verdade completa, o diagnóstico aproximado de tua situação orgânica? Não chores. Lembra-te de que Jesus é o divino Médico e não esqueças que, se tens agora a lepra do mundo, não estás esquecido pela bondade de Deus.

~ 30 ~
Mania de enfermidade

— Vamos Luísa! — exclamava Inácio Penaranda, dirigindo-se à esposa afetuosamente — creio estimarás o tema evangélico desta noite. Prometem-nos valiosas conclusões, relativamente à mediunidade e seu exercício. Ao que suponho, os esclarecimentos apresentarão singular interesse para nós ambos.

Luísa apoiou o rosto na mão direita, num gesto muito seu, e disse com enfado:

— Ora, Inácio, achas que posso cometer a imprudência de enfrentar a noite chuvosa? E a minha nevralgia? A gripe do Carlos e o reumatismo de mamãe? Não teria ouvido para as lições a que te referes. Francamente, não posso compreender tuas boas disposições invariáveis.

Inácio aprimorava o nó da gravata e respondia:

— Compreendo os teus cuidados, mas devo lembrar que há três anos te esquivas à minha companhia. Naturalmente, devo ser o primeiro a encarecer tuas virtudes de filha e mãe; creio, porém, que exageras o sentido das enfermidades. Em vão procuro interessar-te nos problemas da fé, inutilmente busco inclinar-te a mente para os problemas mais nobres da vida. Não sabes falar senão de doenças, insônias, ventosas, injeções e comprimidos. Vives quase esmagada por expectativas angustiosas. A chuva aborrece-te, o frio te atormenta, o vento leve te atemoriza. Tudo isso é de lamentar, porque nossa casa não se formou no pântano da ignorância, mas nos alicerces de conhecimentos sólidos. Nossa fé consagra a iluminação íntima como patrimônio mais precioso do mundo. Por que, então, viver assim, descrente de Deus e de ti mesma?

A Sra. Penaranda esboçou um gesto de sensibilidade ofendida e redarguiu chorando:

— Sempre as mesmas exortações ásperas! Quando me poderás compreender? Sabe Deus minhas lutas, meus esforços para reaver a saúde perdida!...

— Certamente, Deus não desconhece nossos trabalhos, mas também não poderia aplaudir nossas inquietações injustificadas.

Dona Luísa cravou os olhos no companheiro, extremamente excitada, e bradou:

— Céus! Que infelicidade a minha! Que mágoa irremediável! Estou só, ninguém me compreende. Valha-me nosso Senhor Jesus Cristo!...

Após dirigir-lhe um olhar de piedade, o marido despedia-se:

— Não precisas aumentar a lamentação. Até logo.

A companheira torcia as mãos, desconsolada; todavia, escoados alguns minutos, correu à porta de saída a gritar:

— Inácio! Inácio!

Ele voltou a indagar os motivos do chamamento.

— A capa! — explicava a dona da casa, ansiosamente. — Esqueceste a capa... Lembra-te de que me sinto aniquilada. Não queiras também arruinar a saúde.

Inácio, resignado, vestiu o capote impermeável e saiu calmamente.

Aquela mania da Sra. Penaranda, contudo, era muito velha. Dona Luísa não enxergava senão miasmas e pestilências por todos os lados. Embora as dores que cultivava, grande parte do dia era por ela empregado em esfregar metodicamente o assoalho, receosa do acúmulo de pó. Nunca permitia que o filho se levantasse da cama antes que o sol inundasse as dependências da casa; trazia a velha progenitora quase totalmente enfaixada num quarto escuro, rodeada de unguentos e caixas de injeções, e para si mesma descobria diariamente os mais extravagantes sintomas. Referia-se a dores nos braços, nas pernas, no rosto. Dizia-se vítima de todos os sofrimentos físicos. A imaginação enfermiça engendrava moléstias nas mais ínfimas sensações e, na residência dos Penaranda, nos fins de mês, as contas da farmácia superavam todas as demais despesas reunidas. Debalde o marido lhe oferecera as luzes do Espiritismo Cristão, ansioso por modificar-lhe as disposições mentais. Dona Luísa furtava-se às observações mais sérias e não sabia viver senão entre sustos, pavores e preocupações. Raro o dia em que, ao voltar dos serviços habituais, o companheiro não a encontrava afogada em grosso costume de lã, hermeticamente encafuada na alcova, a lamentar o vento, a umidade, a nuvem...

De quando em quando, valia-se Inácio de oportunidades da conversação comum, tentando incutir ideias novas no espírito da companheira, de modo a criar-lhe ambiente diverso. A teimosa senhora não se resignava a omitir comentários a doenças de toda sorte.

Quando a situação doméstica se tornou mais grave, o chefe da família não se conteve e intimou a esposa a ocupar-se de assuntos mais elevados, compelindo-a a examinar nobres problemas espirituais e a ouvir preleções evangélicas em sua companhia.

Dona Luísa atendeu, porém constrangidamente, a queixar-se amargurada. No curso das reuniões a que compareceu forçada pelo marido, causava compaixão a quantos lhe ouviam a palavra lamentosa. A infeliz criatura não andava; arrastava-se. Suas considerações sobre a vida eram acompanhadas de suspiros comovedores, como se a sua palestra não devesse passar de gemidos longos. Não ouvia as dissertações construtivas nem participava das orações no ambiente geral. Apenas prestava atenção às consolações de Salatiel, o amorável benfeitor invisível que comparecia a quase todas as reuniões. À maneira de criança viciada a receber carinhos, cheia de noção exclusivista, dona Luísa agarrava-se às expressões de conforto, completamente alheia aos apelos de ordem espiritual. Parecia, contudo, tão esmagada de padecimentos físicos, que a Sra. Marcondes, devotada médium do grupo, se ofereceu voluntariamente a levar-lhe socorros espirituais na própria residência. A família Penaranda aceitou, sumamente reconhecida. Enquanto Inácio examinava a possibilidade da renovação mental da esposa, antegozava dona Luísa o momento em que pudesse conversar com o Espírito Salatiel, quase a sós, para comentar as enfermidades numerosas que lhe invadiam o corpo e lhe assaltavam o lar.

Começaram os trabalhos de assistência, em círculo muito íntimo.

O dono da casa não cabia em si de esperança e contentamento.

Na primeira noite de orações, Salatiel discorreu sobre a Providência do Eterno Pai e as divinas possibilidades da criatura. O verbo amoroso e sábio da venerável entidade extravasava luz de esclarecimento e mel de sabedoria. Mas, com enorme surpresa dos presentes, finda a preleção, dona Luísa adiantou-se, interpelando o instrutor invisível:

— Meu caro protetor, antes de vos retirardes gostaria de vos ouvir sobre as dores que venho sentindo no braço esquerdo.

Depois de prolongado silêncio, o amigo espiritual, como o homem educado a atender uma criança, respondeu qualquer coisa que a induzia à confiança no Poder Divino.

A consulente não se deu por satisfeita e pediu explicações para a comichão que sentia nos pés; também sobre o abatimento do filhinho e um exame dos órgãos de sua velha mãe. Sentindo-se crivado de interrogações inoportunas, o benfeitor invisível prometeu alongar-se convenientemente no assunto, na reunião da semana seguinte.

Com efeito, na sessão imediata, compareceu Salatiel e endereçou significativa mensagem à Sra. Penaranda.

— Minha irmã — dizia ele solicitamente —, não construas cárcere mental para as tuas possibilidades criadoras na vida. É razoável que o doente procure remédio, como o sedento se encaminha à fonte amiga que lhe desaltera a sede. Não envenenes, porém, os teus dias no mundo com a ideia de enfermidades. Por que esperar a saúde completa, num plano de material imperfeito como a Terra? Se o planeta é, reconhecidamente, uma escola, é justo não possa constituir morada exclusiva de educadores. Se a reencarnação é desgaste de arestas, como aguardar expressão de pureza absoluta nos elementos em atrito? O corpo humano é campo de forças vivas. Milhões de indivíduos celulares aí se agitam, à moda dos homens nas colônias e cidades tumultuosas. Há contínuos serviços renovadores na assimilação e desassimilação. Se isto é inevitável, como aguardar perfeita harmonia orgânica na máquina celular desmontável e perecível? Lembra-te de que esse laboratório corporal, transformável e provisório, é o templo no qual poderás adquirir a saúde eterna do Espírito. Andaria acertado o crente que se deixasse deter voluntariamente no lodo que recobre as paredes da sua casa de oração, indiferente à intimidade sublime e profunda do santuário? É justo que as figurações externas requisitem a nossa atenção, mas não podemos esquecer o essencial, o imperecível e o melhor. Pondera minhas despretensiosas palavras e liberta a mente encarcerada nas sombras transitórias, recordando o ensinamento de Jesus quando asseverou que nosso tesouro estará sempre onde colocarmos o coração.

Dona Luísa, porém, continuou impermeável às admoestações nobres e elevadas. Não valeram conselhos de Salatiel com amorosas interpretações do marido e dos irmãos na fé.

Os anos agravaram-lhe preocupações e manias, até que a morte do corpo se encarregou de atirá-la a novas experiências.

Qual não lhe foi, porém, a surpresa dolorosa ao ver-se sozinha, abandonada, sem ninguém?! Guardava a nítida convicção de haver transposto o limiar do sepulcro, mas continuava prostrada, experimentando vertigens, dores, comichões. Tomada de pavor, observava os pés e mãos singularmente inchados, a epiderme manchada de notas gangrenosas dos derradeiros dias na Terra. Orava, e, contudo as suas orações pareciam sem eco espiritual.

Quanto tempo durou esse martírio? Luísa Penaranda não poderia responder.

Chegou, no entanto, o dia em que pôde lobrigar o vulto de Salatiel, depois de muitas lágrimas.

— Oh! venerável amigo! — exclamou a desencarnada, agarrando-lhe as mãos — por que semelhantes sofrimentos? Não é certo que deixei a experiência terrestre? Não ouvi muitas vezes que a morte é libertação?

Enquanto o generoso emissário a contemplava, compadecido, a infeliz continuava:

— Onde a Justiça de Deus que eu esperava? Nunca fui má para os outros...

A essa altura, o benfeitor espiritual tomou a palavra e esclareceu:

— Sim, Luísa, nunca foste má para os outros, mas foste cruel contigo mesma. Não sabes que toda libertação ou escravização podem começar na Terra ou nos círculos invisíveis? Sepulcro é mudança de casa, nunca de situação espiritual. A morte do corpo não elimina o campo que plantamos. Aliás, é a sua mão que nos oferece a colheita. Preferiste a ideia de enfermidade, cultivaste-a, alentaste-a. É natural que teu campo aqui seja o da enfermidade. Não existe outro para quem, como tu, não quis pensar noutra coisa.

E, ante o olhar assombrado da infeliz, Salatiel rematava:

— Existe o Reino de Deus que aguarda a glorificação de todas as criaturas, e existem os reinos do "eu", nos quais nos internamos pelas criações do próprio capricho. Abandonemos os reinos inferiores das nossas ilusões, minha boa amiga! Procuremos o Reino de Deus, infinito e eterno!...

A Sra. Penaranda sentiu arfar-lhe o peito, alucinada de esperanças novas.

— Leva-me contigo, generoso Salatiel! Livra-me destes dolorosos padecimentos!... Ensina-me o caminho da liberdade!...

O mensageiro lançou-lhe um olhar fraterno e, fazendo menção de retirar-se, acentuou:

— Posso, como outrora, convidar-te, mas não posso arrastar-te. O problema pertence ao teu foro individual. O trabalho é do teu campo. Arranca-lhe a erva daninha e semeia-o de novo. Vem conosco, Luísa. Ajuda-te. Se te sentes verdadeiramente cansada da escravidão em que tens vivido, recorda que para a libertação do Espírito todo minuto é tempo de começar.

~ 31 ~
O doutrinador rigorista

Palavra vigorosa e inflamada, o pregador espiritista alongava-se na exposição de sempre:
— Nunca haverá acordo entre o mundo e nós outros. Fujamos desta Babilônia incendiada, na qual a perdição corrompe o caráter e perverte as melhores energias. Neste pântano terrível, as víboras peçonhentas do crime rastejam em todas as direções. Salvaguardemo-nos, a distância, das sombras densas do pecado. Observai o abismo sob vossos pés! Trevas por todos os lados... Nas mais ínfimas estradas, a visão invariável de poeira e lama, pedras e espinhos, desencoraja o viajor anteriormente dominado de idealismo e esperança. Revelemos nossa repugnância diante do mundo criminoso e perdido. Recordemos os santos magnânimos que iluminaram o quadro das civilizações, nos dias mais escuros. Todos eles fugiram ao planeta perverso! É que, neste lamaçal imenso, as melhores aspirações do Espírito se perdem na borrasca do mal, longe de Deus!...
Macário Barroso era, assim, rigorista e implacável.

Dirigindo considerável agrupamento espiritista, sua atitude desconcertante alcançava a comunidade inteira, dilatando preocupações e tristezas e fazendo escassear alegrias. As jovens colaboradoras, nos seus trabalhos de difusão doutrinária, não deveriam manifestar os júbilos próprios da mocidade cheia de sonhos e as gargalhadas infantis, chilreios de pássaros felizes nos galhos fartos da vida, considerados por Macário como impulsos inconvenientes da meninice, requisitando repreensões ásperas.

— Não concordo com traço algum que nos recorde as perdições do mundo. Simplifiquemos tudo, combatamos a falsidade de certos princípios que escancaram a porta aos pecados miseráveis.

Não reconhecia, porém, o orientador, que simplicidade não significa violência, e que os enganos de concepção tanto podem permanecer naquele que se atira à irreflexão, como no homem que deseja amadurecer o fruto quando a fronde verde apenas oferece flores tenras.

Macário, todavia, apresentava fenômeno singular. Extremista de opinião, impressionava favoravelmente a quantos lhe ouvissem pareceres, porque, no fundo, era homem devotado e sincero. Não concedia a si mesmo nenhum entretenimento, nenhum prazer. Sacrificara-se quase totalmente aos princípios de que se tornara emérito pregador. Revelava gestos de profunda nobreza aos companheiros na fé, e a sinceridade é sempre sedutora, onde quer que permaneça. Por isso mesmo, a psicologia de sua individualidade brilhante apresentava situações de enorme complexidade. É que o prestigioso orientador não sabia identificar as necessidades alheias senão através dos prismas que lhe eram peculiares. No seu modo de observar, todos os casos deveriam estar afinados pelas características do que lhe era próprio. Porque guardava escabrosas impressões do passado individual, em virtude de experiências cruéis na luta humana, criara padrão exclusivo e errôneo para julgar os outros. Pintava a negro qualquer paisagem do mundo, condenava seu tempo, não tolerava os amigos que se decidissem ao trabalho da coletividade em ambientes até agora estranhos à expressão religiosa, quais a Política, a Ciência, a autoridade administrativa e o círculo das finanças. Compreendia à sua maneira que Jesus não poderia partilhar trabalhos diferentes da atividade puramente mística em si mesma, e se algum companheiro manifestava propósitos de cooperar nesses setores, Macário exibia profunda admiração e observava:

— Não concordo. Semelhante atitude é o escândalo da volta ao mundo que deveremos detestar.

Se, em plena rua, alguém lhe mostrasse uma casa de esporte ou algum recanto de alegria popular, Barroso afastava-se intencionalmente, baixava os olhos e tomava outro rumo, esclarecendo:

— São remanescentes de Sodoma e Gomorra,[9] redutos do crime, que o fogo consumirá algum dia.

Furtava-se deliberadamente a toda palestra em que houvesse preocupação, embora correta, pelos problemas da vida social, e fugia à conversação no qual o bom humor estivesse amenizando as agruras do caminho comum dos homens.

Apesar de bondoso e sincero, isolou-se aos poucos, afastando-se de amigos, de companheiros e de afeições. Cheio de preocupações salvacionistas, era sempre fecundo em apelos, conselhos e advertências, onde quer que estivesse, sem a necessária seleção de valores, lugares e situações. O que definia, no entanto, como intenção regeneradora, não era mais que a imposição das ideias próprias, com o esquecimento de que, para beneficiar com proveito, deveria dirigir-se à esfera mental de cada um dos irmãos na luta, sem obrigá-los a procurar o plano em que se mantinha.

Debalde a carinhosa mãe lhe observou os perigos da situação. Inutilmente os amigos solicitaram-no à transformação

---

[9] N.E.: Sodoma – antiga cidade cananeia (hoje Sedom), destruída por um cataclismo (séc. XIX a.C.) junto com Gomorra e outras cidades a sul do Mar Morto. A *Bíblia* contém uma narrativa lendária da catástrofe, interpretada como castigo de Deus aos habitantes infiéis e imorais, dessas cidades.

precisa. Macário foi implacável. Preferiu a solidão, a necessidade, o abandono. Declarava-se amedrontado do mundo, na qual a bagagem de seus erros se tornara volumosa e exigia que todos os companheiros exteriorizassem receios iguais aos dele. Via monstros em todos os recantos, perversão nas alegrias mais inocentes.

E foi assim, rígido e inflexível, sem ceder absolutamente a ninguém, que o bondoso doutrinador regressou à Esfera Espiritual.

Desprendera-se da zona carnal, quase sozinho, como preferira viver, no radicalismo dos princípios pessoais.

Muita gente passou a catalogá-lo na relação dos santos, tais os supostos sacrifícios que Barroso revelara na existência terrestre, os quais, na realidade, não passavam de imposições de sua personalidade intransigente. Todavia, enquanto reduzido grupo erigia ao desencarnado um mundo de homenagens, o doutrinador passou às surpresas inesperadas na esfera diferente de ação. Fundamente desapontado, não encontrou a paisagem que aguardava. Achou-se sem ninguém, exclusivamente sozinho. Que região era aquela constituída de montanha gelada? Contemplava a distância os vales que a neblina convertia em quadros cinzentos e indefiníveis. Frio cortante dilacerava-lhe o coração. Como interpretar a novidade constrangedora? O pobre amigo chorou amargamente, implorando elucidações da Providência Divina. Não fora combatente implacável dos erros e mentiras de seu ambiente e de sua época?

Decorrido muito tempo na expectativa dolorosa, foi visitado por benevolente emissário que lhe estendeu auxílios carinhosos.

— Ah! meu amigo! que fiz por merecer tamanhas flagelações? — perguntou Macário, após agradecer-lhe a presença amorosa — cumpri meus deveres, não olvidei obrigações assumidas...

O mensageiro contemplou-o afetuosamente e falou, tomando-lhe as mãos num gesto paternal:

— Ó meu filho, quanto lastimo o teu desentendimento. Não posso negar-te o esforço e a boa vontade, entretanto...

— A que incompreensão vos referis? — interrogou o ex-doutrinador conturbado — acaso não me afastei do mundo para servir a Deus?

A bondosa entidade fixou um gesto significativo e esclareceu:

— Esta simples afirmativa demonstra o teu engano fatal. Como poderia o servo atender ao senhor que lhe contratou a atividade, abandonando a zona de serviço confiada ao seu esforço? Reconhecendo a Terra integrada na Criação de Deus, como cumprir os desígnios do Pai, fugindo-lhe aos serviços?

Enquanto Macário denunciava intraduzível angústia no pranto que lhe borbulhava dos olhos, o amigo continuava:

— Muitas vezes procurei restituir-te o coração ao verdadeiro caminho, falando-te por intermédio de familiares e amigos prudentes, mas cristalizaste os raciocínios, cerrando as portas do plano mental aos meus apelos.

— É que o mundo sempre me pareceu insondável abismo, de crimes sem conta... nunca pude contemplá-lo sem mágoa e condenação — exprimiu-se o recém-desencarnado, lacrimoso.

— Procedeste qual homem tirânico que intenta violentar quantos lhe cruzam os caminhos, obrigando-os a partilhar o resgate das dívidas que lhe são próprias. Por estares endividado com a Terra, pretendeste doutrinar orgulhosamente, impondo aos outros inquietações e pesares que te pertencem ainda. Por que tamanha aversão à escola benfeitora? Acaso, meu filho, não te alimentavas do mundo, não te vestias dele? Não foi o mundo que te ministrou os primeiros conhecimentos, que te proporcionou a bênção do corpo, a possibilidade de renovação individual, o reencontro de afeições divinas? Desejarias insultar a Terra, porque te concedeu a dedicação dos pais, o templo da reencarnação, a tepidez do lar, o olhar amigo dos que te amam? Recebeste com abundância as inspirações de ordem superior, mas preferiste a solidão com a teimosia de quem não sabe renunciar aos caprichos próprios. Pregaste a palavra em nome de Jesus, convocando os ouvintes a receberem imposições, olvidando que o Mestre Divino não esperou pelas criaturas, na esfera de sua glória, mas veio até nós, ajudando-nos a cada um.

Valendo-se da pausa intencional que o mensageiro imprimira à alocução, clamou Barroso, desalentado:

— Amedrontavam-me os antros de perdição!...

— Por que pavor e não piedade? — inquiriu o sábio, serenamente. — Não te interessavas pelos enfermos do corpo? Como desprezar cheio de asco injusto os doentes da alma? Não te aproximavas carinhosamente dos mutilados físicos? Por que a repugnância para com os aleijados espirituais? Não há lugares desprezíveis para o cristão fiel, porque, em toda parte, é possível praticar o bem com Jesus.

Macário, muito triste, arregalava os olhos. Começara a entender a amarga situação. Tentando, porém, a derradeira justificativa, exclamou:

— Seduzia-me a lembrança dos santos...

No entanto, antes que se alongasse em considerações novas, o mensageiro acrescentou:

— Não conheces, todavia, os santos de Júpiter ou Saturno. Tens notícias apenas dos que se glorificaram na Terra. Forçoso, pois, é reconhecer que, do mundo que detestaste, saíram os Simão Pedro e os Paulo de Tarso que tanto admiras. Deste modo, claro está que o mundo somente será perverso para quem o fixe nutrindo intenções ou reminiscências dessa natureza.

Macário Barroso experimentou tremendo choque. Entendera, enfim, o equívoco ruinoso de suas antigas concepções, caindo em amargurado silêncio.

Daí a instantes, o emissário endereçava-lhe um gesto de adeus.

— Oh! amado benfeitor! — suplicou o infeliz, banhado em lágrimas — por quanto tempo ficarei aqui, abandonado neste monte gelado?

— Esta montanha — esclareceu a generosa entidade — deve representar profundo símbolo ao teu coração. Não basta subir ao tope da cultura e do conhecimento intelectual; é preciso que haja sol de compreensão e amor que ilumine e aqueça a culminância.

Emocionado, Barroso suplicou ainda:

— Abençoado amigo, mensageiro do Altíssimo, ensinai-me a reparar meus erros, para redenção de minha pobre alma! Auxiliai-me, não me negueis vossas mãos!...

O benfeitor, prestes a partir, dirigiu-lhe significativo olhar e acrescentou:

— Tens bastante conhecimento para compreender a magnanimidade de nosso Pai. Tua questão, Macário, é com o mundo. Antigamente erraste, enlameando-lhe as estradas; presentemente renovaste o erro, fugindo-lhe aos serviços. Não tenho outro conselho para teu coração além da fórmula de procurares o credor e conhecer a própria conta. Quanto ao mais, meu irmão, confia na bondade do mundo e que Deus te conceda acréscimo de misericórdia no resgate justo.

~ 32 ~
A crente interessada

Dona Marcela Fonseca vivia os últimos instantes na Terra.

Não obstante a gravidade do seu estado orgânico, a agonizante mantinha singular lucidez e dirigia-se à família, com voz comovedora:

— A confiança em Deus não me abandonará... A Celeste Misericórdia nunca desatendeu minhas rogativas... O Mestre Divino estará comigo na transição dolorosa...

Alguns parentes choravam, em tom discreto, buscando, em vão, reter as lágrimas, no amarguroso adeus.

— Não chorem, meus amigos — consolava-os dona Marcela — o Espírito de minha mãe, que tantas vezes há socorrido minha alma, há de estender-me os braços generosos!... Há mais de trinta dias, sofro neste leito pesado de tormentos físicos. Que representa a morte senão a desejada bênção para mim, que estou ansiosa de liberdade e de novos mundos?!... Se me for permitido, voltarei muito breve a confortá-los. Não esquecerei os companheiros em tarefas porvindouras. Creio que a morte não me oferecerá dilacerações, além da saudade natural, por motivo do afastamento... Sempre guardei minha crença em Deus, não só na qualidade de católica e protestante, como também no que se refere ao Espiritismo, que abracei tomada de sincera confiança... com o mesmo fervor de minha assistência às missas e cultos evangélicos, dei-me às nossas sessões esperando assim que nada me falte nos caminhos do Além... Devemos aguardar as esferas felizes, os mundos de repouso e redenção!...

Os familiares presentes choravam comovidíssimos.

Dona Marcela calou-se. Depois de longos minutos de meditação, pediu fossem recitadas súplicas à Providência Divina, acompanhando-as em silêncio. Suor gelado banhava-lhe o corpo emagrecido e, pouco a pouco, perceberam os circunstantes que a agonizante exalava os últimos suspiros.

Qual sucede na maioria dos casos, portas adentro da sociedade comum, a câmara mortuária transformou-se imediatamente em zona de prantos angustiosos, onde os que não choravam se referiam em voz alta às virtudes da morta, e, em surdina, aos seus defeitos.

A desencarnada, contudo, não mais permanecia no ambiente de velhos desentendimentos e reiteradas dissimulações.

Sentira-se bafejada por sono caricioso e leve, após a crise orgânica destruidora. Branda sensação de repouso adormentara-lhe o coração. Sem poder, todavia, explicar quanto durara aquele estado de tranquilidade espiritual, dona Marcela despertou num leito muito limpo, mas extremamente desguarnecido de conforto. A seu lado, uma velhinha carinhosa abraçava-a, chorando de júbilo, a exclamar:

— Até que enfim, querida filha! Marcela, minha adorada Marcela, que saudades do teu convívio!...

A filha correspondeu às manifestações afetivas, porém, depois de fixar detidamente a paisagem nova, não disfarçou o desapontamento que lhe dominava o espírito voluntarioso. Já não era a mesma criatura, que revelava tamanha humildade na agonia corporal. Estava agora sem o influxo das dores. Experimentava plena liberdade para respirar e mover-se. Não mais o suor incômodo, nem a martirizante dispneia a lhe torturarem o organismo. Não mais a agonizante vencida, mas a dona Marcela da estrada comum, atrabiliária, exigente, insatisfeita. Embora o impulso natural de prosseguir beijando a carinhosa mãezinha, não sopitou o orgulho ferido e perguntou:

— Mamãe, explique-me. Por que permanece nesses trajes? Que significa esta choupana sem conforto? Que região de vida é esta, onde a vejo tão fortemente desamparada? Será crível que seja este o seu lugar? Não foi uma crente sincera no curso das experiências terrestres?

A velhinha, com o olhar sereno de quem não mais teme a verdade, acentuou resignada:

— Estamos no mundo de nossas próprias criações mentais, minha filha. Segundo nossas reminiscências, fui católica fundamente arraigada aos meus velhos princípios; contudo, não podes negar minha antiga preocupação de descansar nos esforços alheios. Recordas como torturava os servidores de nossa casa? Lembras minha tirania no lar, nos serviços de teu pai, nos atos da Igreja? Quando acordei aqui, meus sofrimentos foram ilimitados, pois minhas criações individuais eram péssimas. As feras da inquietação, do remorso e do egoísmo observavam-me de todos os lados. Foi quando, então, roguei a Deus me permitisse destruir os trabalhos imperfeitos, para reconstruir conscientemente de novo. E aqui me tens. Tudo pobre, humilde, desvalioso, mas para mim que já desacertei demasiadamente, ferindo o próximo e desprezando as coisas sagradas, esta choupana paupérrima é a bênção do Pai, no recomeço de santas experiências.

A recém-desencarnada contemplou a escassez dos objetos de serviço, fixou a miserabilidade das peças expostas, arregalou os olhos e exclamou:

— Meu Deus! quantas situações estranhas! Mamãe, sempre a julguei nas esferas felizes!...

— Esses planos começam em nós mesmos — retrucou a progenitora, com a tranquilidade da experiência vivida.

Recordando as inúmeras manifestações religiosas a que emprestara o concurso de sua presença, a senhora Fonseca redarguiu:

— Não me conformo com a miséria a que a senhora parece andar presentemente habituada. E o meu lugar próprio? Visitei milhares de vezes os templos de fé, no mundo. É impossível que esteja esquecida de nossos guias e benfeitores. Onde estão Bernardino e Conrado, os amorosos diretores espirituais de nossas reuniões? Preciso interpelá-los relativamente à minha situação.

A velhinha bondosa sorriu e informou:

— Ambos prosseguem na abençoada faina de orientar, distribuindo benefícios; mas as reuniões continuam na esfera do globo e nós nos achamos em círculo diferente. Que seria dos trabalhos terrestres, minha filha, se os servos de Deus abandonassem suas tarefas, apenas porque uma de nós fosse chamada a nova expressão de vida?

Marcela entendeu o profundo alcance daquelas palavras e observou:

— Qualquer outra autoridade espiritual pode servir-me. Necessito receber elucidações diretas, a respeito de minha atual posição.

A velhinha carinhosa fixou na filha o olhar afetuoso e compadecido, explicando-lhe prudentemente:

— Poderei conduzir-te à presença do generoso diretor da nossa comunidade espiritual. Da bondade dele, recebi permissão para buscar-te no mundo. Creio, pois, que a sabedoria de nosso benfeitor será bastante aos esclarecimentos desejáveis.

Com efeito, na primeira oportunidade, foi Marcela conduzida por sua mãe à presença do venerável amigo. Recebeu-as o sábio, com espontâneo carinho, o que a Sra. Fonseca interpretou como subalternidade, sentindo-se livre de manifestar as mais acerbas reclamações, a lhe explodirem da alma revoltada. Após minuciosa e irritante exposição, concluía lamentando:

— Como sabeis, minha crença foi invariável e sincera: Na igreja católica, no templo evangélico, como no grupo espiritual, fui assídua nas manifestações de fé e nunca olvidei a devoção. Não me conformo, portanto, com este abandono a que me sinto votada.

O orientador solícito, que ouvira pacientemente a relação verbal da interlocutora, acentuou a essa altura:

— Não se encontra, porém, desamparada. Autorizei sua mãe a buscá-la nas zonas inferiores, com o máximo de carinho.

— Mas a própria situação de minha progenitora, a meu ver, merece reparos especiais — clamou a Sra. Fonseca, intempestivamente.

Sorriu o bondoso mentor ao verificar-lhe o nervosismo e explicou em seguida:

— Já sei. Sente-se ferida no amor à personalidade. Entretanto, talvez esteja enganada.

E, chamando um auxiliar, recomendou:

— Traga as anotações de Marcela Fonseca.

Daí a instantes, o portador reaparecia, sobraçando um livro de proporções enormes. Curiosa e inquieta, a visitante leu o título: — *Pensamentos, palavras e obras de Marcela Fonseca*.

— Quem escreveu esse volume? — perguntou aterrada.

— Não sabe que este livro é de sua autoria? — perguntou o mentor tranquilamente — é um trabalho de substância mental, que sua alma grafou, em cada dia e cada noite da existência terrena, pensando, falando e agindo.

A interessada não sabia disfarçar a surpresa; mas o orientador, abrindo as páginas, acrescentou:

— Não posso ler todo o livro em sua companhia. Vejamos, porém, o resumo de suas atividades religiosas.

Fixando a mão em determinada folha, o sábio esclareceu:

— Conforme se vê, assistiu no mundo a 6.705 missas, a 2.500 cerimônias do culto protestante e a 7.012 sessões espiritistas. No entanto, é curioso notar que seu coração nunca foi a esses lugares para agradecer a Deus ou desenvolver serviços de iluminação interior, ou fora do seu círculo individual. Seu único objetivo foi sempre pedir ou reiterar solicitações, esquecendo que o Pai colocara inúmeras possibilidades e tesouros no seu caminho. Recitando fórmulas, cantando hinos ou concentrando-se na meditação, somente houve um propósito em sua fé — o pedido. Mudou rotulagens, mas não transformou seu íntimo.

Ante o assombro de Marcela, o sábio continuava delicado:

— É justo pedir; entretanto, é preciso igualmente saber receber as dádivas e distribuí-las. A própria Natureza oferece as mais profundas lições neste sentido. Deus dá sempre. A fonte recebe as águas e espalha os regatos cristalinos. A árvore alcança o benefício da seiva e produz flores e frutos. O mar detém a corrente dos rios e faz a nuvem que fecunda a terra. As montanhas guardam as rochas e estabelecem a segurança dos vales. Somente os homens costumam receber sem dar coisa alguma.

— Mas... — concluiu o sábio orientador — não disponho de tempo para prosseguir na leitura. Finda esta, restituirá o volume aos arquivos da casa.

A Sra. Fonseca iniciou o serviço de recapitulação das próprias reminiscências e só terminou daí a cinco meses.

Extremamente desapontada, restituiu o livro enorme e, após encorajadora advertência do magnânimo diretor espiritual, explicou-se humilhada:

— Sempre fui sincera em minha crença.

— Sim, minha filha, mas a crença fiel deve ser lição viva do espírito de serviço. Sua convicção é incontestável. Sua ficha, contudo, é a dos crentes interessados.

Com enorme tristeza a lhe transparecer dos olhos, a recém-desencarnada começou a chorar. O dedicado mentor abraçou-a e disse paternalmente:

— Renove suas esperanças. Seu pesar não é único. Existem coletividades numerosas nas suas condições. Além disso, há fichas muito piores que a sua, em matéria de fé religiosa, como, por exemplo, as dos simoníacos, mentirosos e investigadores sem consciência. Anime-se e continue confiando em Deus.

Reconhecendo a própria indigência, Marcela recebeu o acolhimento pobre de sua mãe, como verdadeira bênção celestial.

Todavia, a nota mais interessante foi a sua primeira visita ao círculo dos irmãos encarnados. Em plena sessão, contou a experiência comovedora e relacionou as surpresas que lhe haviam aguardado o coração no plano Espiritual. Sua história era palpitante de realidade, mas todos os presentes lembraram a velha dona Marcela Fonseca e concordaram, entre si, que a manifestação era de um Espírito mistificador.

~ 33 ~
# Obsessão desconhecida

Os pais de Isolina Faria aproximaram-se do grupo espiritista, ansiosos de curar a filha.

Desde muito, vivia a jovem sob o império de singulares manifestações. Olhos cerrados a denunciar profunda insensibilidade na expressão fisionômica, gestos rudes, Isolina contorcia-se estranhamente e dava guarida a uma entidade ignorante e sofredora, que a tornava possessa. O Espírito perturbado, que parecia ter-se-lhe agarrado, prorrompia então em blasfêmias, lágrimas, soluços. Lastimava-se, praguejava, acusando pessoas e envenenando circunstâncias, qual louco que força alguma conseguia deter. Esgotados os recursos comuns, a família deliberou apelar para o Espiritismo, antes de qualquer providência para interná-la no manicômio. Vizinhos e amigos não poupavam definições. Aquilo deveria ser obsessão cruel. Tanta gente não se havia curado, em trabalhos da consoladora Doutrina dos Espíritos? Por que não tentar as melhoras de Isolina mediante esses recursos? Quando o chefe da casa se inclinou à decisão, o generoso Nolasco Borges, velho conhecido de infância, prontificou-se aos serviços iniciais.

— Sossegue, meu amigo — esclareceu ao companheiro inquieto —, em nossas reuniões a doente encontrará as melhoras precisas. Hoje mesmo começaremos os trabalhos de doutrinação da infeliz e, a breve tempo, Isolina será destituída à saúde e à alegria a que sua mocidade tem direito.

De fato, na noite imediata, pequena caravana, Nolasco à frente, penetrava o modesto salão dos Pacheco, onde se efetuavam sessões íntimas.

O velho Araújo, doutrinador carinhoso e esclarecido, organizou a reduzida assembleia, cônscio da responsabilidade que lhe cabia.

Logo após a oração de abertura, a moça doente caía em contorções estranhas. Palidíssima, boca espumejante, gritava dolorosamente, reproduzindo emoções da entidade desconhecida.

— Oh! meu irmão — exortava Araújo bondosamente —, por que violentar desta maneira uma pobre criança, necessitada de equilíbrio para atender aos próprios deveres? Por quem és, meu amigo, esquece o mal e ouve a lição de Jesus. Estamos aqui votados à prática do bem. Somos imperfeitos, inferiores. Tateamos nas sombras da ignorância e não te desejamos impor ensinamentos. Sabemos que a obra de redenção final pertence ao Mestre Divino; entretanto, creio que podemos advertir teu coração, pois aqueles que caíram como nós outros, neste mundo, estão habilitados a comentar os próprios males e evitar que outros incidam nos mesmos erros. Por vezes, poderá parecer que somos excessivamente ousados, tentando estabelecer normas aos que vivem em esfera indevassável aos nossos olhos; contudo, este esforço obedece ao amor fraternal que Jesus abençoa. Volta, amigo! Abandona a tarefa ingrata de subjugação desta jovem, que deve enriquecer-se com as experiências da vida terrestre. Solicitamos tua boa vontade, por amor de Deus!...

A voz do amoroso doutrinador silenciara-se ligeiramente. Araújo, emotivo e bondoso, enxugava os olhos úmidos, enquanto a reduzida assistência permanecia sob enorme impressão. O Espírito ignorante demonstrava aflição. A palavra do doutrinador tocara-o profundamente, mas, como se estivesse preso a inflexíveis algemas, soluçava mais fortemente e bradava:

— Ai de mim! Não posso!... Não posso!...

— Não podes? — tornava Araújo, dedicado — Quando temos vontade, Jesus nos confere o poder. Anima-te. Por que perseverar no sofrimento do mal, quando o bem nos oferta alegrias eternas? Levantemo-nos para Deus, edificando-nos na própria fraqueza. Se guardas reminiscências amargas, esconde-as de ti, desfaze-te do vinagre acumulado no coração. Se foste ofendido, perdoa! Se as feridas te reclamam vingança, aplica-lhes o bálsamo do amor que sabe viver da esperança em Cristo.

O corpo frágil da jovem contorcia-se violentamente, ao passo que o sofredor murmurava em pranto:

— Sou infame, desventurado! Não posso... não posso...

As reuniões de esclarecimento prosseguiam sem alteração. Duas vezes por semana, agrupavam-se os companheiros, repetindo-se as mesmas cenas.

Araújo não podia ser mais generoso. Ensinava bondosamente, como quem sabe corrigir amando. A entidade perturbadora, porém, não correspondia ao esforço senão com gritos, protestos e soluços de causar dó.

Decorridos alguns meses, a pequena assembleia começou a impacientar-se. Tão logo se manifestava o infeliz, formavam-se pensamentos contrários à simpatia fraternal. Na opinião da maioria, aquele Espírito requisitava punições e conselhos ásperos. Isolina era tida como vítima infortunada nas mãos de audacioso algoz da Esfera Invisível. Admirava-se a paciência do dedicado orientador das sessões, que punha em jogo todos os recursos afetivos.

Nolasco, porém, a certa altura da tarefa, não se conteve, e, depois de tumultuosa reunião, interpelou Araújo amigavelmente:

— Não julga você necessário e conveniente punir esse perseguidor implacável? Creio tratar-se de perverso bandido das trevas.

O velho doutrinador percebeu as dúvidas que pairavam no ambiente geral e acrescentou:

— Há muito, venho lidando por compreender que cada coisa permanece no lugar que lhe é próprio. Em nossa apreciação fragmentária, o perturbador de Isolina é um Espírito diabólico; entretanto, é imprescindível não esquecer que as nossas definições são incompletas. Há oito meses trabalhamos para lhe levantar as energias, sem resultados satisfatórios. À primeira vista, estamos fracassados no serviço de socorro espiritual; mas como firmar nosso ponto de vista neste sentido, se desconhecemos as causas profundas?

Nolasco e os demais companheiros respeitaram-lhe o parecer, mantendo-se em silêncio expressivo.

— Esgotadas nossas possibilidades de compreensão — prosseguiu o amorável velhinho —, não será justo apelar para o Plano Superior? Nós que desejamos socorrer, precisamos igualmente ser socorridos. Peçamos a Melânio, amoroso guia de nossos trabalhos, que se pronuncie. É possível que a sua bondade fraterna nos conceda a chave do enigma.

Ninguém discordou da criteriosa sugestão.

Na noite seguinte, a reunião em casa dos Pacheco foi mais íntima. Acorreu Melânio gentilmente e, depois de recomendar a cessação temporária dos trabalhos de doutrinação, prometeu chamar o obsessor a esclarecimentos. Examinaria o caso com atenção, a fim de tentar providências justas. Em seguida, voltaria a notificar os irmãos relativamente às tarefas que se impunham.

Dias decorreram antes que o emissário regressasse com as instruções espirituais. Após três semanas de expectativa, em sessão comum do agrupamento, eis que Melânio se manifesta, e, depois das carinhosas saudações usuais, discorre, bondosamente, com surpresa geral:

— Quanto ao caso da irmã Isolina Faria, devo esclarecer preliminarmente que os aprendizes da Terra conhecem a obsessão somente em sentido unilateral. O infeliz perturbador, que atende pelo nome de Juliano Portela, de sua última existência terrena, não foi encontrado facilmente. Precisei reunir-me a companheiros da Espiritualidade, a fim de chamá-lo a explicações diretas. Tendes, nas vossas sessões, a presença do enfermo encarnado, ao passo que, nas nossas, examinamos os doentes invisíveis a vós outros. Entreguei-me à solução do assunto, com a maior boa vontade; entretanto, o perturbador de Isolina queixa-se amargamente do assédio que experimenta, na esfera em que se encontra. Declara-se perseguido, atormentado por ela. Não tem paz, nem rumo certo. A mente da jovem, com o seu grande poder magnético, requisita-o em toda parte. O pobrezinho não consegue progredir, nem furtar-se ao ambiente de inquietação a que ela o sujeita. Se ao vosso olhar permanece a nossa amiga assediada, à nossa vista surge o infortunado Juliano em terrível desespero do coração, como quem se sente prisioneiro de garras inflexíveis. Diante do que observamos, o verdadeiro obsessor é a médium obstinada. A vigorosa potencialidade magnética de Isolina é a gaiola, e Juliano o pássaro cativo. É preciso restabelecer o equilíbrio da verdadeira situação. Tanto existem perseguidores na esfera Invisível, quanto nos círculos de vossa atividade comum. Aclarai o próprio espírito, amigos meus. Expulsemos a sombra de nossa região interior. Desencarnados e encarnados não significamos duas grandes raças diferentes e irreconciliáveis. Todos somos semelhantes na vida eterna, com as mesmas possibilidades, deveres e obrigações. Nos dramas pungentes dos obsidiados, lembrai que, se na justiça humana não ocorrem processos absolutamente iguais nos detalhes, no resgate divino cada situação apresenta característicos diferentes. Guardai o brilho do cristal e refletireis a luz na sua pureza; retende o mel do bem e as abelhas da sabedoria cercar-vos-ão as pétalas interiores!...

Melânio calara-se enquanto a assembleia chorava comovida. O bondoso Araújo agradeceu com lágrimas de alegria:

— Obrigado, meu irmão!

O mensageiro orou ainda, emocionadamente, e declarou ao despedir-se:

— Em vista do que observamos, queridos companheiros, não bastará espantar as moscas do mal. É indispensável, antes de tudo, curar as feridas da imperfeição.

～ 34 ～
A conselheira invigilante

À frente da amiga alarmada, dona Deodata Chagas prosseguiu aconselhando:

— Não deves proceder levianamente. É necessário aprender a tolerância, minha irmã. Ignoras, acaso, os princípios da nossa Consoladora Doutrina? Quantas criaturas se perdem diariamente, por ignorância das Verdades que Jesus nos confia?

— Mas — perguntava a interpelada timidamente —, e meu martírio doméstico? Será justo suportar a perseguição de pessoas sem consciência? Meu marido parece olvidar comezinhos deveres do homem de bem.

— E por que não perdoar ao pobrezinho? — atalhava a outra, firme e resoluta. — Não dês ouvidos a intrigas, nem te detenhas na observação do mal, ainda mesmo quando se positivem as tuas desconfianças. Lembra o perdão evangélico, minha boa Cacilda. Esquece a infelicidade dos Espíritos inferiores que te não podem compreender. Além disso, convém não esqueceres que o ciúme é o monstro insaciável. Foge-lhe às garras enquanto é tempo. Afinal de contas, a esposa e mãe precisa fortaleza e serenidade.

A ouvinte enxugava o pranto copioso, mostrava-se mais calma e despedia-se resignada, recebendo novos apelos da amiga solícita.

Deodata Chagas era sempre assim. Dona de maravilhosos recursos verbais, tinha imensa facilidade para dar conselhos. Ninguém conseguia ausentar-se de sua porta, sem um punhado de exortações.

Era interessante observar, porém, que seu espírito se revelava sumamente despreocupado do próprio lar. Os filhos menores viviam habitualmente à gandaia, sem qualquer expressão de vigilância materna. A progenitora nunca examinou o problema dos seus costumes, conversações e companhias. O esposo, Edmundo Chagas, homem do comércio, chegava a casa a horas determinadas, durante o dia; mas, não raro, ao almoço, dona Deodata permanecia na sala de visitas a esboçar orientações para as amigas desesperadas.

— Germana, não posso compreender-te a exaltação descabida. Não te deixes dominar tanto assim.

— E os filhos, Deodata? — inquiria dona Germana, olhos inchados de chorar. — São eles o motivo de meus sofrimentos invariáveis. Nos tempos de hoje, raríssimos consideram deveres, poucos se dispõem a obedecer.

— Entendo-te — replicava a conselheira, revelando forte interesse —, entretanto, é imprescindível renovar energias próprias. Ninguém se entregará à dor sem prejuízos graves. Reanima-te! Que é isso?

Enquanto a amiga soluçava, prosseguia traçando diretrizes, demonstrando valor e superioridade:

— E a fé? Onde colocaste os ensinamentos recebidos?

O chefe da casa, após consultar a mesa deserta, onde se não reconhecia o mínimo sinal de almoço, observava, neurastênico, o colóquio amistoso da sala, enterrava o chapéu na cabeça e voltava à rua, encaminhando-se à pensão da esquina próxima.

Somente muito depois, erguia-se Deodata para atender às crianças famintas.

À noite, frequentemente, de regresso ao lar, ansioso de aconchego doméstico, o chefe da família encontrava a mesma cena, embora a modificação de personagens.

A esposa continuava aconselhando:

— Dona Lisota, a vida pede a sua compreensão e boa vontade. Desaprovo a sua atitude de inconformação aos desígnios do Eterno.

Dessa vez, era uma velhinha de cabelos brancos que considerava chorando:

— Nunca esperei, no entanto, por isto... meu único amigo morreu. Os filhos desprezaram-me, os parentes relegaram-me ao abandono!...

— Todavia — exclamava Deodata sempre disposta a ensinar — é preciso revelar coragem na luta. Guarde intacta a sua confiança em Deus. Tenha fé. É indispensável atender à vontade superior e não à nossa. Presentemente, não posso concordar com seu modo de agir.

Enquanto a anciã fazia o possível por levantar-se do abatimento doloroso, a conselheira rematava:

— E a fé, minha amiga? Onde coloca você tão imenso tesouro? Já pensou nisso? O crente não deve respirar outra atmosfera que não seja a do otimismo sadio e franco.

Edmundo relanceava o olhar pelo interior, reconhecendo a inutilidade de qualquer chamamento afetivo. A companheira tomara o hábito de aconselhar, qual se fora venenoso excesso do espírito, tal a insistência com que desejava regenerar pessoas, reavivar as forças alheias, consertar o mundo, enfim. Muitas vezes, tentara arrancá-la de semelhante situação, mas todo o esforço redundara inútil. Mergulhado em amargas reflexões, Edmundo percebia que os rapazes se entregavam a terríveis disputas na copa e, desanimado, entristecido, tornava à rua sem esperança. Aos poucos, adquiriu o costume de beber, coisa que nunca lhe ocorrera em tempo algum. Sem forças para corrigir o desentendimento da companheira, sufocava no copo as desditas do coração.

Dona Deodata parecia não perceber o curso dos acontecimentos e mantinha a mesma atitude mental.

Almas desesperadas, ociosas e viciosas, batiam-lhe à porta em onda crescente.

— Por que tão grandes demonstrações de amargura? — exclamava para a inquieta visitante de bairro longínquo. — Não posso justificar o teu desânimo.

A interpelada, revelando os profundos padecimentos que lhe roíam a alma, observava aflita:

— Quando o marido nos abandona, tudo parece escuro em nossos caminhos. A senhora é feliz, dona Deodata. Nunca experimentou sofrimento igual a este. Não posso conformar-me com a separação!...

— É preciso, porém, perdoar e ser forte — interpunha a conselheira, imperturbável —, estamos neste mundo para testemunhar espiritualidade na procura de Deus. Pareces demasiadamente enfraquecida no trabalho comum. Levanta o ânimo. Resiste! Não te deixes levar por arremedos de tempestade.

Despedia-se a infeliz, reconhecidamente.

Chegou, entretanto, o momento em que Deodata Chagas deveria tomar conhecimento da sua própria situação. Depois de alguns dias, nos quais supunha o marido em viagem de serviço, veio a saber que Edmundo montara nova casa em bairro distante. O álcool trouxera-lhe o olvido de obrigações sagradas. O bar incumbira-se de conduzi-lo a relações diferentes, e, com a embriaguez dos sentidos, veio a embriaguez dos sentimentos.

A senhora Chagas, contudo, sempre eficiente na orientação dos outros, recebeu a notícia sem ocultar a mágoa imensa.

Aquela alma tão forte e tão clara, que sabia traçar os caminhos alheios, semelhava-se agora a um lago turvo, em face das pedras da tempestade e das rajadas do vento. Humilhada, chorosa, procurou os filhos para torná-los partícipes da sua profunda revolta; entretanto, encontrou neles as mais ásperas observações. Alguns estavam dispostos a seguir, sem hesitação, para a nova casa paterna. Inconformada, a pobre senhora buscou os recursos da justiça do mundo, mas, a cada passo, encontrava a ironia, o desprezo, o desconhecimento deliberado de sua dor.

Incapaz de manter a resistência necessária, surda agora aos apelos que as amigas lhe traziam ao espírito desalentado, Deodata recolheu-se ao leito, dominada de traumatismo singular, que lhe envenenou o organismo para sempre.

Depois de três anos de reclusão, entre meditações e lágrimas, voltou novamente ao Plano Espiritual. Com surpresa, todavia, experimentava o mesmo abatimento e desolação. Embora atendida por dedicados enfermeiros da Esfera Invisível aos olhos mortais, a desencarnada, por muito tempo, permaneceu enleada no fundo obscuro de suas impressões de amargura e revolta íntima. Chegou, porém, o instante em que conseguiu lobrigar o vulto de um daqueles emissários do bem, que lhe balsamizavam o coração. Extenuada de angústia no conflito consigo mesma, a pobre criatura ajoelhou-se e rogou ansiosa:

— Oh! mensageiro de Deus, explicai-me por piedade a razão de minhas enormes desditas. Sinto-me cansada, oprimida... Por que a dolorosa tragédia que me destruiu o destino cheio de esperanças?

O benfeitor contemplou-a com expressão fraternal e elucidou amorosamente:

— O drama infeliz da tua última experiência na Terra é o das almas que transportam a luz por fora do coração. Os que ensinam sem aprender, e aconselham sem praticar, são também filhos pródigos na Casa do Pai. Dissipam tesouros espirituais sem cogitar das necessidades próprias e acordam, mais cedo ou mais tarde, com a miséria e o desconforto.

Deodata compreendeu o alcance profundo daquelas palavras, mas, desejosa de lavar a culpa, objetou:

— Será, então, erro grave ensinar o caminho aos outros? E Jesus? Não trabalhou o Mestre no mundo por traçar diretrizes ao homem sofredor?

O amigo espiritual contemplou-a afetuosamente e respondeu:

— Jesus indicou a estrada e seguiu-a; pregou a fé e viveu-a; induziu discípulos e companheiros à coragem e demonstrou-a em si mesmo; difundiu a lição do amor, entregando-se amorosamente a cada um; expôs a necessidade do sacrifício pessoal e sacrificou-se; exaltou a beleza do verbo dar e deu sem recompensa; engrandeceu a confiança no Pai e foi fiel até o fim.

A esposa de Edmundo estava perplexa. E, quando se esforçou por emitir observação nova, o sábio instrutor sorriu carinhosamente e concluiu:

— Renova o padrão de esperança em Jesus Cristo e não argumentes com a verdade. O campo continua repleto de trabalho e continuamos ricos de possibilidades. Realmente, não constitui erro o indicar o caminho ao que se desviou, porque o benefício é sempre um tesouro para quem o recebe com sabedoria; mas, quanto a nós mesmos, é sempre perigoso aconselhar os outros antes de havermos aconselhado a nós próprios.

~ 35 ~
Proselitismo de arrastamento

Virgulino Rocha era médium de qualidades apreciáveis no serviço do bem, no entanto, não conseguia furtar-se à preocupação de insistir com os amigos para que lhe seguissem os passos na interpretação religiosa.

Na oficina do ganha-pão, era trabalhador corretíssimo, considerando o caráter sagrado de suas responsabilidades e obrigações, mas, na vida comum, discutia a mais não poder, no intuito de intensificar o proselitismo. Quando surgiam conhecimentos novos, nas atividades diárias, revelava imediatamente a posição extremista. Tratava-se de alguém com opinião igual à dele, em matéria de fé? Estava disposto a todos os favores. Caso contrário, porém, Virgulino se retraía. Não odiava, mas também não dispensava às novas relações o menor interesse fraternal. Em se aproximando de alguém estranho aos seus pontos de vista, deixava-se dominar firmemente pelo espírito de discussão e disputa. Nesse capítulo, não esclarecia nem convidava. Preferia arrastar. Em vão os amigos espirituais ofereciam-lhe novas diretrizes. Por vezes, contra todas as suas expectativas, o orientador invisível tomava-lhe a mão e escrevia sem rebuços:

"Virgulino, meu amigo, cada árvore tem condições diferentes para produzir. No que se refere à fé religiosa, procede à maneira do agricultor inteligente. Fornece adubos, protege as plantas tenras, não olvides a irrigação, mas não exijas fruto antes da época adequada. Será justo insistamos pela obtenção de pêssegos, de um pessegueiro mirrado, em terrenos desertos? Antes da colheita substanciosa e perfumada, não será razoável ministrar à planta elementos de vida, concedendo-se-lhe tempo indispensável, a fim de que se verifique a produção?".

Recebia o médium a mensagem sem esconder a própria admiração e inquiria naturalmente:

— Como pode ser isso?

Replicava a entidade generosa:

"O nobre cumprimento do dever com Jesus e com os homens é a melhor pregação. O discípulo que execute semelhante programa é o cultivador previdente e amigo da Natureza".

— Mas o Divino Mestre — observava Virgulino, contrafeito —, no próprio Evangelho, não determina que se deve pregar as Verdades do Céu a todas as criaturas?

"Sim" — tornava o benfeitor amorável —, "mas o Cristo expôs o ensinamento sem violentar a ninguém, convidou ao banquete da Boa-Nova, mas não arrastou a quem quer que fosse. Além disso, deixou bem claro que a prédica eficiente não é problema de palavras apenas, e sim de exemplificação. O aprendiz leal do Evangelho é uma carta viva do Mestre. Todos poderão ler-lhe os caracteres e afeiçoar a experiência própria pelo padrão da conduta dele. Por isso mesmo, o homem honesto e trabalhador, em todos os gestos do dia, está pregando a criaturas que o veem."

O companheiro inquieto anotava ligeiramente as considerações recebidas, mas, certa vez, quando os conselhos se repetiam, Virgulino acentuou:

— Afinal de contas, não sei como proceder. Sinto-me animado das melhores intenções. Se encontrasse uma lição mais explícita ao menos...

O generoso amigo espiritual não o deixou terminar e traçou no papel levemente: "Tê-la-ás".

O médium manifestou estranheza, em face da resposta lacônica, e continuou nos mesmos hábitos, sem emprestar maior atenção ao prometido. Passou um ano e as observações criteriosas não se repetiram. Em razão disso, o nosso amigo prosseguia mais ardoroso no trabalho de arrastamento ao proselitismo doutrinário.

Os antigos conselhos já estavam quase integralmente esquecidos, quando Virgulino conseguiu o que representava para ele uma vitória de apreciável importância. O Jerônimo Castro, seu vizinho, com quem discutira durante dez anos, rendera-se-lhe às opiniões. A cura de um garoto doente inclinara-o ao Espiritismo, afinal. E o antigo companheiro, seguido da mulher e nove filhos, colocou-se à inteira disposição do médium, para o que desse e viesse, submetendo-se-lhe completamente aos pontos de vista. Virgulino não cabia em si de contentamento. Humilde operário em cidade grande, cooperando no seu grupo de realizações doutrinárias, ao lado de outros inúmeros trabalhadores, não saboreara ainda alegria igual àquela, trazendo às suas ideias mais de dez pessoas de uma só vez.

Não pudera perceber que semelhante satisfação era fogo-fátuo de vaidade mal dissimulada, e que o triunfo fictício era somente agravo de responsabilidades na bagagem de deveres a lhe pesarem nos ombros. Incapaz de compreender o que reputava agradável sucesso, dava largas ao júbilo infantil e comentava:

— Ah! o Jerônimo, vocês hão de ver. A Doutrina efetuou notável conquista. Recordemos que por trás de sua figura existe enorme bloco de criaturas a considerar. Os filhos, os parentes todos, enfim, serão chamados à luz da verdade e do bem!

E as esperanças lhe brilhavam nos olhos claros e ingênuos.

Em breve tempo, contudo, a realidade surgia diversamente. Jerônimo Castro e os seus não se interessaram pelos ensinamentos que a Doutrina lhes oferecia, qual manancial abundante e inestancável. Em vão, Virgulino Rocha trazia livros, anotações e esclarecimentos. Os neófitos não queriam saber senão de vantagens. Não desejavam certificar-se de que haviam chegado à zona espiritual de trabalho e realização pelo esforço individual, apenas saboreavam gostosamente a perspectiva de haverem encontrado guias invisíveis para a solução de todos os problemas do caminho humano.

À noite, quando o médium visitava a família, a conversação era quase sempre a mesma:

— Jerônimo — indagava Virgulino, curioso —, leu você aquelas apreciações evangélicas que mandei?

— Ainda não consegui — esclarecia o vizinho —, não posso saber o que ocorre. Tão logo tomo a leitura, sobrevém o sono imediatamente. As letras baralham-se diante dos meus olhos e as pálpebras se fecham, sem que eu possa atinar com a causa. Um verdadeiro fenômeno!

A essa altura, a esposa intervinha:

— Estou convicta de que se trata de influenciação dos maus Espíritos. Jerônimo não era assim. Antes das noções espiritistas, estava bem disposto para divertir-se, sem esquecer o cinema e o teatro. Mas agora...

E antes que a mulher terminasse, voltava Jerônimo exibindo expressão de vítima:

— São coisas da vida!...

Virgulino compreendia bem a ausência de atenção sincera e, tentando imprimir novo aspecto ao quadro de impressões, perguntava afetuoso, à dona da casa:

— E a senhora, dona Ernestina? Qual é a sua opinião referente à leitura?

— Oh! quem me dera tempo ao menos para rezar — respondia a interpelada, evidenciando dificuldades íntimas —, quanto mais para ler! Então o senhor julga que a casa me concede ocasião? Quando não é a cozinha que me requisita, é a sala que me pede atenção. De um lado, está Jerônimo cheio de exigências; do outro, os meninos cheios de caprichos. Ah! estes pirralhos!... quanto sofrem as mães neste mundo! Já não sei como resistir.

E cruzava os braços, dando mostras de esgotamento.

Ante a paisagem sentimental, repleta de sombras e obstáculos, com desapontamento ensaiava o médium outro gênero de conversação. Comentavam-se as notas do dia. Todos haviam lido os jornais. As crianças aproximavam-se. Estavam a par do suicídio na vizinhança, do crime que se verificara no bairro, relacionavam amarguras de famílias diversas. Conheciam detalhes ignorados do repórter sagaz. A palestra vibrava. Nem Jerônimo sentia sono, nem dona Ernestina experimentava angústia de tempo. E Virgulino, computando a bagagem de suas boas intenções, retirava-se entristecido. A situação, todavia, apresentava complicações crescentes. Na residência dos Castro, Espiritismo era recurso para aplicações de menor esforço. Guardava-se mesmo a impressão de que a família vagava em plano de profunda indiferença, no que dizia respeito à fé religiosa. Se um filho se tornava desatento, pela ausência de governo doméstico, chamavam o Virgulino; se Jerônimo atritava com os chefes de serviço pela própria ociosidade, buscavam o Virgulino; se uma das jovens da casa se excedia nas festas sociais, recorriam ao Virgulino. O médium não ocultava o doloroso abatimento. Não se passava um dia sequer, sem que os supostos convertidos apresentassem indagações intempestivas e inconvenientes. Dona Ernestina queria conhecer a intenção dos noivos que surgiam para as filhas, esclarecer intrigas da vizinhança, assinalar as pessoas defeituosas que lhe frequentavam o ambiente doméstico, enquanto Jerônimo se interessava pelas promoções fáceis, pelos favores da sorte e condescendência dos seus chefes de serviço. De quando em quando, reclamavam do Rocha certas explicações, como se Virgulino fosse obrigado a se responsabilizar por todos os assuntos e questões da família. Por que o Espiritismo era Doutrina tão perseguida das demais confissões religiosas? Por que se restringia às reuniões, sem espetáculos para demonstrações públicas? Segundo os Castro, as procissões e outros ajuntamentos populares faziam falta. Via-se o médium em apuros na elucidação daqueles Espíritos preguiçosos.

Decorreram quatro anos. A situação, entretanto, piorava gradativamente. Jerônimo e os seus começaram a buscar Virgulino em sua oficina de trabalho.

— Agora, não posso — explicava-se o rapaz muito pálido, tentando desvencilhar-se.

— Oh! não foi o senhor quem nos levou para a Doutrina? — interrogava a jovem mais inquieta.

E lá se ia o nosso amigo para atividades mediúnicas sem propósito sério. Finalmente, certo dia, o chefe imediato de trabalho chamou-o, com bondade, para admoestação justa:

— Virgulino — disse em tom grave —, sempre estimei em você o auxiliar competente e honesto. Jamais interferi nas crenças religiosas de meus subordinados, mas a sua ficha de serviço vem sendo prejudicada pelas saídas sem justificação. Desde muitos meses, suas obrigações passaram a ser olvidadas, na maior parte do dia. Acredito chegado o tempo do reajuste. Sempre ensinei a todos que esta é uma casa de trabalho e realização.

O médium baixou os olhos, envergonhado, e respondeu tímido:

— O senhor tem razão.

Nessa noite chegou a casa, humilde, trancou-se no quarto e chorou, em longo desabafo. Implorou sinceramente o socorro dos amigos espirituais. Foi quando reapareceu o antigo benfeitor invisível, exclamando:

— Por que choras, meu amigo? Cada qual recebe o que pede. Não desejavas uma lição prática?

Respondeu o médium, mentalmente, em lágrimas:

— Sempre fiz a propaganda da Verdade com sincera intenção de fazer o bem.

— Sim, Virgulino — voltava a dizer a amorosa entidade —, ensinar exemplificando é seguir os passos do Cristo, mas arrastar é perigoso. Além disso, nosso Pai Celestial concedeu pés a todos os homens. Não será indispensável que cada um caminhe por si mesmo? Quem espalha a Verdade, amando como Jesus amou, edifica na vida eterna; mas quem arrasta uma criatura suportará naturalmente a carga pesada. Continua adubando e amparando as plantas que vicejam nos teus caminhos, mas não cometas o disparate de arrancá-las com violência!...

No dia seguinte, muito cedo, antes que Jerônimo se dirigisse à repartição, Virgulino bateu à porta dos Castro e, valendo-se do ensejo que reunia a família para o café matinal, explicou resoluto, em voz muito firme:

— Meus amigos, venho solicitar-lhes grande favor. Não me procurem, doravante, na oficina do meu ganha-pão. Tenho ordens terminantes para não relaxar o serviço.

E antes que os ouvintes voltassem a si do espanto enorme, prosseguiu serenamente:

— Não é só isso. Valho-me da oportunidade para apresentar-lhes minhas despedidas. Circunstâncias imperiosas obrigam-me a transferir a residência.

— Que é isso, homem? — respondeu Jerônimo, pasmado. — Não podemos dispensar-lhe a companhia.

— Não é possível! — exclamava a filha mais velha — que será de nós todos doravante? Não foi o senhor quem nos levou para a Doutrina dos Espíritos?

O médium não se deixou impressionar e esclareceu:

— Desfaçamos equívocos enquanto é tempo. Não precisam manter determinadas atitudes religiosas tão somente para meu agrado. São livres para o caminho que melhor lhes pareça. Quanto a mim, devo conhecer minhas próprias necessidades. E nunca devemos esquecer que todos precisamos união cada vez mais intensa com o Cristo. Ele, sim, é a nossa companhia indispensável.

— Entretanto, são mais de quinze anos de vizinhança e convivência — aventurou dona Ernestina, chorosa —, então isso não se levará em conta?

— Deus opera a mudança para o bem — esclareceu o visitante ao sopro de elevada inspiração.

E antes que os Castro acordassem do assombro, o vizinho esboçou um gesto de adeus e concluiu:

— Não tenho tempo a perder. Jesus os abençoe.

E depois de longas correrias pelos subúrbios, Virgulino Rocha contratou a cooperação de vários veículos de transporte e lá se foi com a família para os confins de Cascadura.

Índice geral[10]

Acácio
   Tomé Colavida e *,
   entidade espiritual – 29

Albertina
   filha do casal Finisterra – 23

Alma
   Jovelino Soares e
   transportes sublimes da – 7

Amarante
   observações de *
   em defesa de João Faria – 19

Anacleto, guia espiritual
   solução para o caso
   de Antonino Tinoco e – 21

André
   assassina involuntariamente
   o filho Oscar – 6
   assassinado pelo filho Léo – 6
   desencarnação da esposa de – 6
   educação religiosa e moral
   dos filhos e – 6
   Léo, filho de – 6
   Oscar, filho de – 6
   problemas religiosos e – 6
   seguidor do Positivismo – 6

Anjo da morte
   Laio e chegada do – 4

Anjos das necessidades
   ehul e solicitação de socorro aos – 4

Anunciação, Raimundo da
   conselhos maternos e – 8
   críticas aos companheiros
   espíritas e – 8
   críticas aos padres e – 8
   Doutrina Espírita e – 8
   ficha individual de * no
   Plano Espiritual – 8
   instituição de esclarecimentos

---

[10] N.E.: Remete ao número do capítulo e à mensagem *Do noticiarista desencarnado*.

Índice geral

aos desencarnados e – 8
julgamento precipitado e – 8
Materialismo e – 8
Renato, colega de – 8
solicitação de nova experiência
  na Terra e – 8

Aquiles, entidade espiritual
encontro de Catarino com *
  no Plano Espiritual – 17
fluidos magnéticos de
  Catarino e – 17
negócios materiais, problemas
  íntimos e – 17
reencarnação de – 17
transformação de * em muleta – 17

Araújo
doutrinador espírita – 3
interpelações de Nolasco
  Borges e – 33

Azevedo, Feliciano
acusações do obsessor da filha de – 12
esclarecimento do obsessor
  da filha de – 12
família Macedo e – 12
mistérios da lágrima e – 12
palavra de amigo da
  Espiritualidade e – 12
visita a um grupo espírita e – 12

Barroso, Macário
bagagem dos erros, medo
  do mundo e – 31
combate à falsidade de certos
  princípios e – 31
considerações sobre Sodoma e
  Gomorra e – 31, nota
desencarnação de – 31
imposição da personalidade
  intransigente e – 31
medo dos antros de perdição e – 31
padrão exclusivo e errôneo
  de julgamento e – 31
pregador espírita e – 31
preocupações salvacionistas e – 31
problemas da vida social e – 31
reencarnação e – 31
sedução à lembrança dos
  santos e – 31
surpresa no Plano Espiritual e – 31

Bem
adiamento da realização do – *Do
  noticiarista desencarnado*

Benjamim
adepto do Espiritismo e – 27
amigo de Leonel no Plano
  Espiritual – 27
crise de estacionamento
  complicado e – 27
críticas acerbas e gratuitas e – 27
desencarnação de – 27
escolha do gênero de provas e – 27
esquecimento das lições do
  Espiritismo e – 27
partilha de responsabilidades
  e consequências e – 27
reencontro com mentor
  espiritual e – 27
renascimento em posição de
  sofrimento e – 27
solicitação de nova
  reencarnação e – 27

Bernardino
diretor espiritual de reunião
  espírita – 32

Boaventura, Catarino
Aquiles e fluidos magnéticos de – 17
Aquiles, entidade espiritual, e – 17
desencarnação de – 17
encontro de Aquiles com * no
  Plano Espiritual – 17

orientador encarnado e – 17
reencarnação de – 17
trabalhos psíquicos e – 17

Borges, Nolasco
Araújo, doutrinador, recebe
  interpelações de – 33
amigo da família Faria – 33

Botelho, Armando
comentários sobre a vida
  particular de – 18
comunicação de Espírito
  desencarnado e
  dúvidas de – 18
considerações da esposa de – 18
enfermeiro da Espiritualidade e – 18
hospitalização de – 18
interpretação de sonho e – 18
mensagens da mãe de – 18
profissão de fé ante ameaça
  de morte e – 18
subconsciência, animismo e – 18

Cacilda
amiga de Deodata Chagas – 34

Campos, Humberto de, Espírito
Cantidiano, amigo de – 25
Reportagens de além-túmulo, livro,
  e – *Do noticiarista desencarnado*
Rogério, amigo espiritual de – 9
visita a Tomazino Pereira,
  o suicida – 9

Canonização
consequências da * de
  Domingos Gonzáles – 1
solenidades da * de Domingos
  Gonzáles – 1

Cantidiano, Espírito
encontro de * com Edmundo
  Figueiroa – 25
amigo de Humberto de Campos – 25

Cardoso, Joaquim Oliveira
esposo de Laurentina Cardoso – 16
exercício da caridade e – 16
pai de Luísa – 16

Cardoso, Laurentina
Joaquim Oliveira Cardoso,
  esposo de – 16
mãe de Luísa – 16
mensagem de orientador
  espiritual – 16
mudança na conduta maternal e – 16
mudanças no comportamento
  de – 16
prática da caridade e – 16
primeira caridade e – 16

Cardoso, Luísa
filha de Joaquim e Laurentina
  Cardoso – 16

Caridade
Jesus e disseminação da – 11
Laurentina Cardoso e primeira – 16
luminoso caminho de
  redenção e – 16

Casa de Deus
beneficiários da – *Do
  noticiarista desencarnado*

Castro, Ernestina
desprezo pela leitura e – 35
esposa de Jerônimo Castro – 35
indiferença à fé religiosa e – 35

Castro, Jerônimo
desprezo pela leitura e – 35
Ernestina, esposa de – 35
inclinação de * ao Espiritismo – 35
indiferença à fé religiosa e – 35

submissão de * aos pontos de vista de
Virgulino Rocha – 35

Cerimônia canônica
cenas mundanas e – 1

Chagas, Deodata
aconselhamentos de – 34
Cacilda, Espíritos inferiores e – 34
desencarnação de – 34
despreocupação com o
próprio lar e – 34
drama infeliz de * na Terra – 34
Edmundo Chagas, esposo de – 34
Germana, problemas com
os filhos e – 34
Lisota, tesouro da fé e – 34

Chagas, Edmundo
embriaguez dos sentimentos e – 34
esposo de Deodato Chagas – 34
hábito da bebida alcoólica e – 34
montagem de nova casa e – 34

Ciência
observações da * problemas
psíquicos – *18*

Ciúme
monstro insaciável e – 34

Colaço, Casemiro
evocações diretas e – 14
fenômeno epileptoide e – 14
invocação de *, Espírito, ao
Plano Espiritual – 14
invocação violenta dos
desencarnados e – 14
Leão Colaço, ex-sacerdote, e – 14
rejeição às manifestações
espontâneas e – 14
relações com o Invisível e – 14
reuniões de experimentação
mediúnica e – 14

Colaço, Leão, ex-sacerdote
mensagem do – 14
tio desencarnado de Casemiro
Colaço – 14

Colavida, Tomé
Acácio, entidade espiritual e – 29
conselhos de Sinfrönio,
sobrinho de – 29
diagnóstico dos Espíritos e – 29
Eulália, *médium, e – 29*
insultos de * aos mentores
e médium – 29
males orgânicos de – 29
Martinho, diretor de reunião
mediúnica, e – 29
morfeia, diagnóstico da situação
orgânica de – 29
pedidos reiterados de – 29
mensagem de Acácio, Espírito, e – *29*

Conceição, Firmino da, doutrinador
aparecimento da vaidade e – 11
apelo de Jesus e – 11
desenvolvimento da visão
psíquica e – 11
desordem do próprio lar e – 11
necessidade de reforma
espiritual e – 11

Conrado
diretor espiritual de reunião
espírita e – 32

Consciência
Domingos González, São,
e acusações da – 1
felicidade, infelicidade e – *Do
noticiarista desencarnado*

Consolador
propósito do – *Do noticiarista
desencarnado*

Índice geral

Corpo físico
 saúde eterna do Espírito e – 30
 veste mutável da criatura
  imortal e – 25

Criatura terrena
 conceito de – *Do noticiarista desencarnado*
 Cristianismo e – *Do noticiarista desencarnado*

Criptestesia pragmática
 Matoso Dupont, Dr., e – 10

Cristianismo
 criaturas terrenas e – *Do noticiarista desencarnado*

Cristo *ver* Jesus

Crookes, William
 biografia de – 10, nota

Desencarnação
 Benjamim e – 27
 Benvinda Fragoso e – 28
 Catarino Boaventura e – 17
 Cecília Montalvão e – 20
 Cesare Lombroso e – 10
 Deodata Chagas e – 34
 Edmundo Figueiroa e – 25
 Efraim e – 13
 esposa de André e – 6
 Felisberto Maldonado e – 19
 Henrique e – 23
 Januário Pedroso e – 22
 Joaquim Finisterra e – 23
 Léo Marcondes e – 15
 Leonel e – 27
 Luísa Penaranda e – 30
 Macário Barroso e – 31
 mãe de Laio e – 4
 Marcela Fonseca e – 32

Matoso Dupont, Dr.,
 metapsiquista, e – 10
 Severiano Fagundes e – 2

Desenvolvimento espiritual
 importância do * pelo
  modo de ver – 19

Deus
 Benício Fernandes e visão
  confiada por – 3
 herança de – *Do noticiarista desencarnado*
 mensageiros de * e
  manifestação da sua
  bondade – 1

Donato
 companheiro de Firmino
  da Conceição – 11

Dor
 criação exclusiva – *28*
 utilidade sublime da – 12

Doutrina Espírita *ver também* Espiritismo
 Espíritos sábios e bons e – 16
 raciocínio, sentimentos e – 19

Dupont, Matoso, Dr., metapsiquista
 Albert de Rochas e – 10, nota
 ânsia na procura de fraudes e – 10
 caçador de fenômenos e – 10
 caso de criptestesia pragmática e – 10
 Cesare Lombroso e – 10, nota
 cultura espiritual e – 10
 desafio aos médiuns e – 10
 desencarnação de – 10
 fenômenos mediúnicos e – 10
 intolerância à manifestação
  religiosa e – 10
 ponderações de Valdemar e – 10
 reencarnação de – 10

Théodore Flournoy e – 10, nota
transformação em pesquisador
  inconsciente e – 10
William Crookes e – 10, nota

Educação
  desinteresse pela * dos filhos – 6
  Espiritismo e * com instintos
    emancipados – 6
  problema da * com liberdade
    irrestrita – 6

Efraim
  arrependimento e – 13
  carinho pelos livros espirituais e – 13
  conversa com antigo mentor e – 13
  culto protestante e – 13
  desencarnação de – 13
  Espiritismo cristão e – 13
  futura reencarnação e – 13
  Igreja Católica Romana e – 13
  justificativas de ausências
    ao trabalho e – 13
  nova encarnação e tarefa
    santificante de – 13
  recomendações do guia
    e *, Espírito – 13
  Eliezer, entidade
  grupo de preces da família e – 20
  ocupações de * no Plano
    Espiritual – 20

Enfermidade
  Luísa e cultivo da ideia de – 30

Castro, Ernestina
  esposa de Jerônimo Castro – 35

Espírita
  comportamento de Emiliano
    diante do – 5
  herança perigosa do – 1

Espiritismo
  ambição, egoísmo e
    divulgação do – 26

Benjamim e esquecimento
  das lições do – 27
despreocupação do * dos
  mortos – *Do
  noticiarista desencarnado*
educação com os instintos
  emancipados e – 6
empreendimento para
  difusão do – 26
fonte de Verdade e – 29
Joaquim Finisterra e
  consolações do – 23
Raimundo da Anunciação e – 8
Severiano Fagundes,
  doutrinador do – 2
trabalho e realização pelo
  esforço individual e – 35
transferência de Emiliano
  Jardim para o – 5
vivos da eternidade e – *Do noticiarista
  desencarnado*

Espiritista *ver* Espírita

Espírito
  corpo físico e saúde eterna do – 30
  sofrimento de * homenageado
    na Terra – 1

Espírito desencarnado
  comunicação de * e dúvidas
    de Armando – 18
  culto de falsa santidade e – 1
  observações da Ciência e
    comunicação de – 18
  oráculo infalível e – *Do noticiarista
    desencarnado*
  tabu de fictícia
    inexpugnabilidade e – 1

Espírito encarnado
  alguns traços do Laio no – 4
  esquecimento das tarefas comuns
    e – *Do noticiarista desencarnado*

Índice geral

Espírito mistificador
  Marcela Fonseca e mensagem de – 32

Espírito perturbador
  Juliano Portela, * de
    Isolina Faria – 33

Espírito preguiçoso
  família Castro exemplo de – 35

Esquecimento
  Deus e o doce licor do – 6

Etrúria
  considerações sobre – 4, nota

Eulália, médium
  Tomé Colavida e – 29

Evangelho
  aprendiz do * e carta viva
    de Jesus – 35
  culto particular da oração e – 1

Existência humana
  vida eterna e importância
    da – *Do noticiarista
    desencarnado*
  Severiano Fagundes e estudo
    leviano da – 2

Exorcismo
  Rosalina, viúva de Edmundo
    Figueiroa, e – 25

Fagundes, Severiano
  arbitrariedades, irregularidades
    da vida e – 2
  desencarnação de – 2
  doutrinador do Espiritismo – 2
  estudo do Evangelho e – 2
  reencontro com entidades
    perturbadas e – 2

Família
  reunião permanente da – 16

Fanuel, Espírito
  Constantino Saraiva, médium, e – 26
  movimento hostil de
    combate ao – 26

Faria, Isolina
  Araújo, doutrinador espírita, e – 33
  grande poder magnético de – 33
  influência de Espírito
    perturbador e – 33
  Juliano Portela, Espírito
    perturbador, e – 33
  mensagem de Melânio, guia
    espiritual, e – 33
  processo de subjugação e – 33
  verdadeiro obsessor e – 33

Faria, João
  críticas de Maldonado ao
    comportamento de – 19

Fé
  família Castro e indiferença
    à * religiosa – 35
  transformação das
    dificuldades pela – 28
  único propósito na * de
    Marcela Fonseca – 32
  Virgulino Rocha e * religiosa – 35

Fernandes, Benício
  esquecimento da visão
    confiada por Deus e – 3
  obsessão e – 3
  sonho esclarecedor e – 3
  visão dos Espíritos encarnados e – 3

Figueiroa, Edmundo
  afinidade com o ambiente
    doméstico e – 25
  desencarnação de – 25
  Lilica, filha do casal Figueiroa – 25
  Rosalina, esposa de – 25
  sofrimento moral de *, Espírito – 25

Titina, filha do casal Figueiroa – 25
trabalho redentor e vida nova e – 25
visita de Noronha e – 25
vizinhança da morte inelutável e – 25
volta de *, Espírito, ao ninho
   doméstico – 25

Finisterra, Joaquim
   consolações do Espiritismo e – 23
   desencarnação de – 23
   irreflexões dos filhos na
      vida social e – 23
   Mariana, esposa de – 23
   renovação de pedido de
      socorro espiritual e – 23

Finisterra, Mariana
   Espiritismo inconsequente e – 23
   esposa de Joaquim Finisterra – 23
   gestos nobres e humildes de – 23
   Henrique, amigo espiritual de – 23
   refúgio da oração e – 23

Flournoy, Théodore
   biografia de – 10, nota

Fluido magnético
   Aquiles e alimentação do
      * de Catarino – 17

Fonseca, Marcela
   desapontamento de * no
      Plano Espiritual – 32
   desencarnação de – 32
   Espírito mistificador e
      história de – 32
   mundo das criações mentais de – 32
   origem das anotações
      espirituais de – 32
   origem das esferas felizes e – 32
   primeira visita de *, Espírito,
      ao plano físico – 32
   relato da história de *, Espírito,
      no plano físico – 32
   serviços de iluminação interior e – 32
   últimos instantes de * na Terra – 32
   único propósito na fé de – 32

Fraga, Oscar
   amigo de infância de
      Tomazino Pereira – 9

Fragoso, Benvinda
   agravamento da ociosidade
      mental e – 28
   desperdício de oportunidades
      benditas e – 28
   encontro de * com sua mãe no
      Plano Espiritual – 28
   mendicância e desencarnação de – 28
   mente enfermiça e – 28
   Priscila, irmã desencarnada de – 28
   queixas constantes de – 28

Garcia, Acácio
   aguilhão da necessidade e – 24
   encontro de * com Filopatos
      durante o sono – 24
   Filopatos e indicação para
      a cura de – 24
   Juvêncio, pai de – 24
   moléstia de – 24
   observações menos justas e – 24
   obsessão, esquizofrenia e – 24
   Rodrigues, doutrinador, e – 24

Garcia, Juvêncio
   pai de Acácio Garcia – 24

Germana
   amiga de Deodata Chagas – 34

Gildete
   Antonino Tinoco e obcecação
      doentia por – 21
   aventuras inconfessáveis e – 21
   criminosos desejos e – 21

Gomorra, cidade

considerações sobre – 31, nota

González, Domingos, São
  acusações da própria
    consciência e – 1
  assassinato de – 1
  biografia de – 1, nota
  canonização de – 1
  chagas dolorosas de * no
    além-túmulo – 1
  história de – 1
  Inquisidor-Geral de Aragão e – 1
  pedidos imprudentes dos
    devotos de – 1
  penosos deslizes na vida
    íntima de – 1
  reencarnação de * como
    escravo no Brasil – 1
  súplica de * a Jesus – 1

Hanseníase
  significado do termo morfeia – 29

Helena
  filha do casal Finisterra – 23

Henrique
  amigo espiritual de Mariana – 23
  auxílio de * na desencarnação
    de Joaquim – 23

Homem
  recepção e distribuição
    das dádivas e – 32

Igreja
  virtudes dos homens
    canonizados pela – 1

Igreja Católica
  Emiliano e esquecimento
    dos benefícios da – 5

Imortalidade
  estudiosos imprevidentes e alegria
    da – *Do noticiarista desencarnado*

Inquisidor-Geral de Aragão
  Domingos González, São, e – 1

Invocação
  inconveniência da * direta – 14

Jardim, Emiliano
  comportamento de * diante
    dos protestantes e
    espíritas – 5
  desencarne da esposa de – 5
  desencarne da mãe de – 5
  encontro de * com Jesus – 5
  ensinamentos de Jesus e – 5
  morte do filho e – 5
  noções materialistas de – 5
  resgate de velhas dívidas e – 5
  tentativa de suicídio e – 5
  transformação de – 5

Jehul
  desvelos e sacrifícios de – 4
  entidade da vida espiritual – 4
  guardião desvelado de Laio – 4
  Laio, filho de * em paisagem
    longínqua – 4
  recepção de Laio, recém-
    nascido, e – 4
  serviços das moléstias úteis e – 4
  tarefa de – 4

Jerônimo
  velho amigo de Constantino
    Saraiva – 26

Jesus
  disseminação da caridade e – 11
  Emiliano Jardim e
    ensinamentos de – 5
  encontro de Emiliano
    Jardim com – 5
  Firmino da Conceição
    e apelo de – 11

Índice geral

fraqueza humana e poder de – 5
isenção da criatura da obrigação
  de seguir – *Do*
noticiarista desencarnado
súplica de Domingos González a – *1*

Justiça de Deus
  reclamos ante a – 12

Laio
  álcool, jogo, sífilis e – 4
  anjo da morte e – 4
  anjos das necessidades e – 4
  casamento e – 4
  críticas escarnecedoras e – 4
  desencarnação da mãe de – 4
  Jehul, e recepção de *
    recém-nascido – 4
  Jehul, guardião desvelado de – 4
  reencarnação de – 4
  regresso aos mesmos erros
    passados e – 4
  serviços das moléstias úteis e – 4
  trabalho da velhice prematura e – 4
  traços do * no Espírito encarnado – 4

Lamentação
  energia que dissolve o
    caráter – 28, 30

Lar
  doutrinação e caridade com
    os filhos no – 16

Léo
  assassinato do próprio pai e – 6
  expulsão do ninho familiar e – 6
  filho de André – 6
  flagrante de furto e – 6

Leonel
  amigo de Benjamim no
    Plano Espiritual – 27
  autoritarismo e – 27
  católico romano e – 27
  consolidações das tradições
    autocráticas e – 27
  crise de estacionamento
    complicado e – 27
  desencarnação de – 27
  escolha do gênero de provas e – 27
  partilha de responsabilidades
    e consequências e – 27
  reencontro com mentor
    espiritual e – 27
  renascimento em posição de
    sofrimento e – 27
  solicitação de nova
    reencarnação e – 27

Liberdade
  transformação da * em
    libertinagem – 6

Libório
  comunicação de Espírito
    desencarnado e – 18
  ilações do subconsciente e – 18

Lilica
  filha mais velha do casal
    Figueiroa – 25
  perturbações nervosas e – 25
  visão do pai desencarnado e – 25

Lisota
  amiga de Deodata Chagas e – 34

Lombroso, Cesare
  biografia de – 10, nota

Macedo, família
  grupo espírita e – 12

Mãe
  médium da vida – *16*

Maldonado, Felisberto
  caráter de – 19
  desencarnação de – 19
  Doutrina Espírita, raciocínio,

sentimentos e – 19
João Faria e críticas de – 19
presença de * na reunião
  mediúnica – 19
Silvana, médium falante,
  esposa de – 19

Maldonado, Silvana
  médium falante, esposa
  de Felisberto – 19

Marcondes, Léo, suicida
  atitudes iconoclastas e – 15
  causa de todos os fracassos e – 15
  desencarnação de – 15
  homicida e – 15
  teorias do materialismo e – 15

Marcondes, Sra., médium
  Luísa Penaranda e socorro
  espiritual de – 30

Martinho
  diretor de reunião mediúnica e – 29
  Tomé Colavida e – 29

Materialismo
  Léo Marcondes, e teorias do – 15
  Raimundo da Anunciação e – 8

Médium
  mãe, * da vida – 16
  Matoso Dupont, Dr., e
  desafio ao – 10
  Silvana, * falante – 19
  transformação de * em
  semideus – *Do
  noticiarista desencarnado*

Melânio, Espírito
  guia espiritual de grupo espírita – 33
  manifestação de – 33

Montalvão, Cecília
  admiradora da vida e obras de
  Teresa de Jesus e – 20

antevisão das glórias celestiais e – 20
auxílio em asilo de loucos e – 20
aversão ao trabalho e – 20
desencarnação de – 20
encontro de *com ancião em Colônia
  espiritual – 20
esclarecimentos de Teresa
  de Jesus e – 20
opiniões extremistas e – 20
preguiça mental e – 20
propensão à vida conventual e – 20
remédio do trabalho e – 20
surpresas na vida espiritual e – 20
triste destinação da Terra e – 20

Morfeia
  significado do termo – 29

Morte
  Edmundo Figueiroa e
  vizinhança da – 25
  poderes transformadores da – 4
  profissão de fé ante ameaça de – 18

Natércio, Espírito
  amigo de Fanuel, Espírito, e – 26

Natureza
  maravilhas e dádivas da
  * superior – *Do
  noticiarista desencarnado*
  recepção e distribuição
  das dádivas e – 32

Obsessão
  conhecimento da * somente
  em sentido
  unilateral – 33

Obsessor
  acusações do * da filha de
  Feliciano – 12
  esclarecimento do * da filha
  de Feliciano – 12
  transformação do * em

Índice geral

protetor solícito – 12

Olinda
esposa de Tomazino Pereira – 9
futura mãe de Tomazino Pereira – 9

Omar
Antonino Tinoco e vigilância espiritual de – 21

Oração
culto particular no Evangelho e – 1
inspiração ao coração materno e necessidades da – 4
Luísa Penaranda e * sem eco espiritual – 30
Mariana e refúgio da – 23
poder da – 20

Oscar
assassinado involuntariamente pelo pai – 6
expulsão do ninho familiar e – 6
filho de André – 6
flagrante de furto e – 6
velhos hábitos de pilhagem e – 6

Pai *ver* Deus

Pais humanos
aptidão dos * para orientação dos filhos – 13
anulação diária do serviço espiritual pelos – 13
missão dos – 6
Efraim e ternura excessiva dos – 13

Pedroso, Januário
comportamento profissional de – 22
desencarnação de – 22
ociosidade na vida de – 22
prestação de contas à coletividade e – 22
renascimento na condição de paralítico e – 22
senha na Terra e – 22

Penaranda, Inácio
Luísa, esposa de – 30

Penaranda, Luísa
consolações de Salatiel, benfeitor, e – 30
conversa de * com Salatiel, Espírito – 30
cultivo da ideia de enfermidade e – 30
desencarnação de – 30
encontro de * com Salatiel, Espírito, no Plano Espiritual – 30
esposa de Inácio Penaranda – 30
exagero no sentido das enfermidades e – 30
libertação do Espírito e – 30
mensagem de Salatiel, Espírito, e – 30
oferta das luzes do Espiritismo e – 30
oração sem eco espiritual e – 30
palavras lamentosas de – 30

Pensamento
solicitação dos homens pelos fios do – 1

Pereira, Tomazino, suicida
ideia de suicídio e – 9
idiotismo, loucura, desequilíbrio nervoso e – 9
Olinda, esposa de – 9
Olinda, futura mãe de – 9
Oscar Fraga, amigo de infância de – 9
problema conjugal e – 9
reencarnação de – 9
socorro de Rogério e – 9

Perfeição eterna
requisitos para ascensão

aos cumes da – 10

Philopathos, Espírito
encontro durante o sono de
  * com Acácio – 24
Espírito amigo de Acácio Garcia – 24
indicação para a cura de
  Acácio e – 24
mensagem de – 24
significado do termo – 24

Pobreza
oportunidade do serviço
  divino na Terra e – 27

Portela, Juliano, Espírito
  perturbador
Isolina Faria e – 33
queixa do assédio
  experimentado por – 33

Positivismo
André, seguidor do – 6

Prece *ver* Oração

Preguiça
aniquilamento de
  oportunidades e – 28

Priscila
irmã desencarnada de
  Benvinda Fragoso – 28

Proselitismo doutrinário
Virgulino Rocha e
  arrastamento ao – 35

Protestante
comportamento de Emiliano
  diante do – 5

Protestantismo
transferência de Emiliano
  Jardim para o – 5

Provação
termômetro da confiança
  em Deus e – 12

Rapazelho
significado do termo – 6, nota

Reencarnação
Domingos González, São, e – 1
Laio e – 4
Matoso Dupont, Dr.,
  metapsiquista, e – 10
Tomazino Pereira, suicida, e – 9

Renato
Igreja católica e – 8

Reportagens de além-túmulo, livro
ficções, coincidências e
  – *Do noticiarista
  desencarnado*
Humberto de Campos, Espírito,
  e – *Do noticiarista desencarnado*
nomes das personagens e – *Do
  noticiarista desencarnado*

Reencarnação
desgaste de arestas e – 30

Responsabilidade
lei da – *Do noticiarista desencarnado*

Richet, Charles
biografia de – 10, nota

Riqueza
oportunidade do serviço
  divino na Terra e – 27

Rocha, Virgulino, médium
admoestações do chefe de
  trabalho e – 35
arrastamento ao proselitismo
  doutrinário e – 35

fé religiosa e – 35
submissão de Jerônimo aos
   pontos de vista de – 35
vaidade mal dissimulada e – 35

Rochas, Albert de
biografia de – 10, nota

Rodrigues
doutrinador espírita – 24

Rogério
amigo espiritual de Humberto
   de Campos – 9
socorro a um desventurado
   suicida e – 9

Rosalina
esposa de Edmundo Figueiroa – 25
exorcismo e – 25
requisição das doutrinações
   de Noronha e – 25
segundas núpcias de – 25

Sabedoria
Verdade divina e – 10

Salatiel, Espírito
conversa de * com Luísa
   Penaranda – 30
encontro de * com Luísa no
   Plano Espiritual – 30
Luísa Penaranda e
   consolações de – 30
mensagem de – 30

Saraiva, Constantino, médium
alvitres da luxúria e – 26
auxílio fora da velha ternura
   terrestre e – 26
empreendimento para difusão
   do Espiritismo e – 26
Fanuel, Espírito, e – 26
homenagens espetaculares e – 26
mensagem prometida por
   Fanuel, Espírito, e – 26

preocupações dos amigos
   sinceros e – 26
produções mediúnicas e – 26
propostas de salários vultuosos e – 26

Sepultura
conceito de – *Do noticiarista
   desencarnado*
mudança de casa e – 30
Serviço das moléstias úteis
   anjos encarregados do – 4

Sinfrönio
Tomé Colavida e conselhos
   do sobrinho – 29

Soares, Jovelino
fenômenos de desdobramento e – 7
primeiras experiências
   mediúnicas e – 7
sonho deslumbrante e – 7
transportes sublimes da alma e – 7

Sodoma, cidade
considerações sobre – 31, nota

Sofrimento
alívio do * dos que choram
   no invisível – 16
encontro divino diante do – 5
função aperfeiçoadora do – 13
rebeldia contra o * que purifica – 5

Teresa de Jesus
Cecília Montalvão e
   esclarecimentos de – 20
Cecília Montalvão, vida
   e obras de – 20

Terra
Cecília Montalvão e triste
   destinação da – 20
grande universidade e –
   *Do noticiarista
   desencarnado*

Januário Pedroso e senha na – 22
necessidade do esforço
  pessoal na – *Do
  noticiarista desencarnado*
pobreza e riqueza, oportunidades
  de serviço na – 27
últimos instantes de Marcela
  Fonseca na – 32

Tinoco, Antonino
  Anacleto, e solução para
    o caso de – 21
  beleza da consciência pura e – 21
  Gildete, obcecação doentia e – 21
  presença da mãe desencarnada
    junto de – 21
  vigilância espiritual de Omar e – 21

Titina
  filha do casal Figueiroa – 25

Toledo, João Crisóstomo
  de, Dr., Espírito
  Eulália, médium, e – 29

Trabalho
  Cecília Montalvão e aversão ao – 20
  Cecília Montalvão e remédio do – 20
  Efraim e justificativas de
    ausências ao – 13
  compreensão do * perdido – 28

Trabalho da velhice prematura
  anjos encarregados do – 4

Trabalho psíquico
  afastamento dos instrutores
    espirituais e – 17
  Aquiles, entidade espiritual, e – 17
  Catarino Boaventura, orientador
    encarnado, e – 17
  demonstrações de preguiça
    mental e – 17
  exortação do orientador
    espiritual e – 17

Umbral
  grande surpresa do – *Do
  noticiarista desencarnado*

Valdemar
  Matoso Dupont, Dr., e
    ponderações de – 10

Verdade
  canais e reservatórios da – 2

Verdade divina
  sabedoria e – 10

Vida eterna
  importância da humanidade e –
    Do noticiarista desencarnado

Virtude
  igreja e * de homens canonizados – 1

Vista espiritual
  Maldonado e recuperação da – 19
  preservação da reflexão e da
    prudência e – 19

REPORTAGENS DE ALÉM TÚMULO				
EDIÇÃO	IMPRESSÃO	ANO	TIRAGEM	FORMATO
1	1	1943	5.000	12,5x18,5
2	1	1947	5.000	12,5x18,5
3	1	1953	4.497	12,5x18,5
4	1	1960	5.103	12,5x18,5
5	1	1974	10.200	13x18
6	1	1982	10.200	13x18
7	1	1987	10.000	13x18
8	1	1992	10.000	13x18
9	1	1997	6.000	13x18
10	1	2004	1.000	12,5x17,5
11	1	2007	1.000	12,5x17,5
12	1	2009	3.000	14x21
12	2	2010	1.000	14x21
12	3	2010	2.000	14x21
13	1	2014	3.000	14x21
13	2	2018	1.000	14x21
13	3	2020	300	14x21
13	IPT*	2022	400	14x21
13	IPT	2023	300	14x21
13	IPT	2024	350	14x21
13	IPT	2025	200	14x21

*Impressão pequenas tiragens

O QUE É ESPIRITISMO?

O ESPIRITISMO É UM CONJUNTO DE PRINCÍPIOS E LEIS revelados por Espíritos Superiores ao educador francês Allan Kardec, que compilou o material em cinco obras que ficariam conhecidas posteriormente como a Codificação: *O livro dos espíritos*, *O livro dos médiuns*, *O evangelho segundo o espiritismo*, *O céu e o inferno* e *A gênese*.

Como uma nova ciência, o Espiritismo veio apresentar à Humanidade, com provas indiscutíveis, a existência e a natureza do Mundo Espiritual, além de suas relações com o mundo físico. A partir dessas evidências, o Mundo Espiritual deixa de ser algo sobrenatural e passa a ser considerado como inesgotável força da Natureza, fonte viva de inúmeros fenômenos até hoje incompreendidos e, por esse motivo, são tidos como fantasiosos e extraordinários.

Jesus Cristo ressaltou a relação entre homem e Espírito por várias vezes durante sua jornada na Terra, e talvez alguns de seus ensinamentos pareçam incompreensíveis ou sejam erroneamente interpretados por não se perceber essa associação. O Espiritismo surge então como uma chave, que esclarece e explica as palavras do Mestre.

A Doutrina Espírita revela novos e profundos conceitos sobre Deus, o Universo, a Humanidade, os Espíritos e as leis que regem a vida. Ela merece ser estudada, analisada e praticada todos os dias de nossa existência, pois o seu valioso conteúdo servirá de grande impulso à nossa evolução.

FEB editora
Livro espírita para um novo mundo
www.febeditora.com.br
@febeditoraoficial
@febeditora

Conselho Editorial:
Carlos Roberto Campetti
Cirne Ferreira de Araújo
Evandro Noleto Bezerra
Geraldo Campetti Sobrinho – Coord. Editorial
Jorge Godinho Barreto Nery – Presidente
Maria de Lourdes Pereira de Oliveira
Miriam Lúcia Herrera Masotti Dusi

Produção Editorial:
Elizabete de Jesus Moreira

Revisão:
Davi Miranda
Denise Giusti

Capa, Projeto Gráfico e Diagramação:
Ingrid Saori Furuta

Foto de Capa:
Casarsa | istockphoto.com

Normalização Técnica:
Biblioteca de Obras Raras e Documentos Patrimoniais do Livro

Esta edição foi impressa no sistema de Impressão pequenas tiragens, em formato fechado de 140x210 mm e com mancha de 104x168 mm. Os papéis utilizados foram o Off white 80 g/m² para o miolo e o Cartão 250 g/m² para a capa. O texto principal foi composto em fonte Adobe Garamond Pro 12/14,4 e os títulos em Adobe Garamond Pro 28/26. Impresso no Brasil. *Presita en Brazilo.*